어떻게 죽음을 맞이할 것인가?

KB191584

어떻게
죽음을 맞이할 것인가?

인생의 끝을 준비하는
현대인을 위한 고대의 지혜

4

세네카ㅣ제임스 롬 엮음ㅣ김현주 옮김

아날로그

잘 죽는 법을 모르는 이는 잘 살지 못한다.
『마음의 평온에 대하여』11.4

일러두기

이 책은 루키우스 안나이우스 세네카의 저작 *Epistula, Ad Marciam, De Tranquillitate Animi, De Ira, De Providentia, Ad Polybium, Quaestiones Naturales*와 푸블리우스 코르넬리우스 타키투스의 *Annales*을 번역하고 개론을 덧붙인 것이다. 프린스턴대학교 출판부의 Ancient Wisdom for Modern Readers 시리즈 중 *How to Die: An Ancient Guide to the End of Life*를 우리말로 옮겼다.

차례

세네카와 죽음에 대한 탐구

최근 연구에 따르면 환각성 버섯에서 발견되는 화합물 실로시빈이 말기 암 환자가 느끼는 죽음에 대한 공포를 크게 줄여준다고 한다. 약리학자 리처드 그리피스Richard Griffiths는 2016년 인터뷰에서 그 약은 "큰 틀 안에서 보자면 모든 것이 괜찮다는 인식"을 갖게 한다고 말했다.[1] 투약 피실험자들은 "모든 사람과 사물이 상호 연결되어 있고 모두가 그 안에서 함께한다는" 느낌이 든다고 대답했다. 이 실험과 관련하여 마이클 폴란이 『뉴요커』에 기고했듯, 어떤 사람들은 환각 상태에서 모의 죽음을 겪었고 "일종의 예행연습처럼 (…) 죽음을 직시했다"라고 주장했다.[2] 그 경험에서 무서움과 두려움이 아니라 해방감과 확신을 느낀 것이다.

"큰 틀에서 보자면 모든 것이 괜찮다." 이 말은 유기농 환각제보다는 AD 1세기 중엽 루키우스 안나이우스 세네카Lucius Annaeus Seneca가 스토아철학에 입각하여 로마 지도자들에게 조심스럽게 전했던 메시지와 매우 유사하다. "모든 것의 상호 연결"도 세네카가 다루었던 주요 주제 중 하나다. 그는 삶을 제대로 인식한다면 인생은 죽음으로 가는 여정일 뿐이며 인간은 태어나는 날부터 매일 죽어가기에 살아가면서 죽음을 연습해야 한다고 주장한다. 이 책은 세네카의 사상이 담긴 여덟 권의 저작에서 가려 엮은 것으로, 이 글을 통해 세네카는 자신의 편지 수신인과 인류에게 죽음, 즉 사람의 생이 끝나는 지점을 받아들일 필요성에 대해 당시나 지금이나 유례없을 만큼 솔직하게 이야기한다.

"항상 죽음을 탐구하라." 세네카는 친구 루킬리우스에게 이렇게 조언했고, 자신도 그렇게 살았다. 이 주제에 관한 최초의 글이라고 여겨지는 『마르키아에게 보내는 위로문』(AD 40년경)에서 말년의 최고작『도덕적 서간집』(63~65년)에 이르기까지 세네카는 반복하여 이 주제를 이야기한다. 죽음과 관련 없는 이야기를 하는 중에도 머릿속에서는 이 주제가 계속 떠나지 않았던 것처럼 불쑥 다시 꺼내기도 한다. 가령『분노에 대하여』에서는 화를 잘 조절해야 한다는 조언을 하다가도 갑자기 합리적인 자살을 강력하게 지지하는 내용을 끼워 넣는다. 이 책으로 한데 엮은 세네카의 사상은 몇 가지 주제로 정리할 수 있다. 죽음의 보편성, 최종적이면서도 가장 본질적 통과의례인 죽음의 중요성, 죽음이 단순히 자연의 순환과 과정의 일부일 뿐이라는 관점, 죽음이 육체에서 정신을 자유롭게 한다는 시각, 자살은 고통이나 수모, 혹은 개인의 윤리적 청렴을 무너뜨리는 악랄한 왕과 황제들에게서 벗어나게 하므로 해방의 기능을 한다는 관점을 다룬다.

특히 마지막 관점은 황제의 명령으로 죽음이나 파

면을 당해야 했던 세네카와 그 편지의 수신인에게 특별한 울림을 준다. 철학자인 동시에 정치가였던 세네카는 AD 30년대 말 로마 황제 칼리굴라가 미쳐가며 잔인하게 굴던 시대에 젊은 원로원 의원을 지냈다. 40년대 황제 클라우디우스 시대에는 정치적 여론 조작용 재판으로 사형을 선고받았으나 감형되어 코르시카섬으로 추방당했다. 이후 로마로 환송 명령을 받고 어린 네로의 스승이 된 세네카는 50년대부터 60년대 초까지 황실에서 지냈다. 그는 점점 정신이 이상해져 심지어 가족들까지 죽이려는 네로의 모습을 지켜보았다. 결국 미수에 그쳤던 황제 암살 음모에 공모했다는 혐의로(아마도 잘못된 혐의였을 것이다) 네로의 분노를 사서 AD 65년, 60대의 나이에 자살하라는 형을 선고받았다.

원수元首, princeps 혹은 '제1인자'가 비공식적이지만 거의 절대적인 권력을 갖는 로마의 수백 년 된 정치 체제는 특히 칼리굴라 재임 시기에 독재정치로 나타났다. 10년 이상 네로의 수석 고문이었던 세네카는 이 체제의 필요에 충실하게 부응했고 덕분에 부를 얻었지만, 이 지점에서 동시대인들(그리고 현대 독자들)에게 비난받는다. 그렇지만 철학이 황궁의 독기를 해독해주었다. 세네카는 네로 곁에 있었던 15년 동안 저작 활동을 꾸준히 이어가며 친구들과 동료 의원들에게 소란한 시대를 살아가기 위한 전반적인 도덕적 기틀을 제공했다(그는 비극 시도 썼는데, 산문과는 논조가 매우 다르다. 그중 다수가 오늘날까지 남아 있으나 이 책에서 다루지는 않는다).

세네카도 당대 다수의 로마 지도자들처럼 이전 세기에 로마로 넘어와 번성하기 시작한 그리스의 스토아철학으로 전반적인 도덕적 기틀을 마련했다. 스토아학파는 내면의 왕국, 마음의 왕국을 추구해야 하며 그 안에서 덕을 고수하고 자연을 명상함으로써 학대받는 노예와 빈곤한 망명자, 형틀 위의 죄수까지도 행복해질 수 있다고 가르쳤다. 스토아철학에서 부와 지위는 **아디아포라**adiaphora, 즉 '아무래도 좋은 것', 행복으로도 그 반대로도 이끌지 못하는 것으로 여겨진다. 자유와 건강은 **로고스**Logos, 다시 말해 스토아학파의 관점에서는 우주를 다스리고 진정한 행복을 일으키는 신적 이성과 조화를 이루며 자신의 생각과 윤리적 선택을 지켜낼 수 있을 때만 가치가 있다. 만일 독재자에게 자유를 박탈당하거나 건강이 평생 위태롭다면, 그래서 이성의 설득에 더 이상 따를 수 없다면 죽음이 삶보다 더 나을 수 있으며 자살이나 자발적 안락사도 온당할지 모른다.

세네카는 그리스의 선대 철학자들과 로마의 교사들로부터 스토아철학의 체계를 물려받았지만 죽음의 방법, 특히 자살에 관한 원칙에 새로운 중요성을 부여했다. 실제로 자살이라는 주제는 에픽테토스Epictetus의 『담화록』이나 마르쿠스 아우렐리우스Marcus Aurelius의 『명상록』 같은 스토아학파의 현존하는 저작에서보다 세네카의 글에서 훨씬 강조된다. 로마 시대

가장 타락한 두 통치자 수하의 정치가였던 세네카가 자신의 글에 쓴 것과 같은 자살을 실제로도 자주 목격했다. 칼리굴라와 네로를 포함하여 율리우스-클라우디우스 왕조의 모든 황제들이 정적들에게 스스로 목숨을 끊으라고 자주 명령했고 명을 어기면 사형에 처하거나 재산을 몰수하겠다고 위협했다. 세네카는 그런 강요된 자살을 많이 목격했다. 그래서 다른 동료 스토아 학자들보다 훨씬 자주, 더 열정적으로 고통이나 정치적 압력에서 탈출할지 말지의 여부와 그 시기에 관한 주제로 다시 돌아갔다.

세네카는 다른 방식으로도 스토아학파의 길을 따르는 순수하고 충실한 추종자 그 이상이었다. 스토아학파의 경쟁 학파였던 에피쿠로스는 죽음이란 단지 다른 물질의 부분이 되어 새로운 '생명'을 갖게 될 구성 요소들로의 해체일 뿐이라고 주장하는데, 세네카는 자신의 글에서 때때로 이 사상을 차용한다. 그런가 하면 어떤 때는 불멸과 인간 영혼의 무한한 환생이라는 플라톤 철학의 주제를 이야기하기도 한다. 사후세계에 관한 고정관념은 없었으나 그것은 두려워할 것이 아니며 시인들이 선전하는 하데스(그리스신화에 나오는 죽은 자들의 나라 - 옮긴이 주)의 괴수들이나 고통은 무의미한 허구라고 확신했다. 하지만 그런 그도 자발적 안락사에 대한 평가는 망설이기도 했다. 스스로 삶을 마감함으로써 고통스러운 죽음이나 사형을 미연에 방지했던 사람들에게 찬사를 보내는가 하면 그렇게 하지 않았던 사람들이 지닌 불굴의 정신을 존경하기도 한다. 도덕적 품격이 훼손된 삶보다 더 낫다고 옹호하던 자살도 한 가지 경우에 망설임을 드러낸다. 『도덕적 서간집』의 한 부분에서 세네카는 가족이나 친구들을 책임져야 하는 경우 이승을 하직하기 직전 돌이켜 생각해보아야 한다고 말한다(세네카 자신도 젊은 시절 숨 막히는 호흡기 질환으로 고생했으나 연로한 아버지를 위해 자살하지 않았다는 등의 내용을 『도덕적 서간집』 78.1에서 들려준다. 그 내용은 이 책에 포함되지 않았다).

현대 사회에서 '죽을 권리'라는 개념은 불치병 환자의 경우라도 논쟁이 많다. 이 글을 쓰고 있는 지금도 의사 원조 자살이나 자발적인 안락사가 합법화된 곳은 미국 50개 주 가운데 네 곳과 몇 안 되는 국가들밖에 없다. 그중 대부분은 관련 법안이 통과된 지 20년도 채 되지 않았다. 삶의 존엄성이라는 관념을 바탕으로 주장을 펼치는 반대 세력들이 있어서 이러한 법 정책에 관한 논쟁은 늘 치열하다. 그러나 세네카의 글은 죽음에도 존엄성이 있다는 사실을 일깨워준다. '잘 죽는 것'의 의미가 본인의 죽음을 침착하게 받아들이는 것이든 떠나는 시간과 방법을 선택하는 것이든 아니면 무자비한 원수가 육체에 가하는 폭력을 용기 있게 참아내는 것이든, 그에게는 잘 죽는 것이 대단히 중요했다.

이와 관련된 예시가 글의 곳곳에서 자주 완강한 어조로 등장하기 때문에 현대 독자들은 세네카의 글이 섬뜩하고 그가 죽음에 지나치게 집착한다고 생각한다. 하지만 세네카는 오히려 그런 독자들에게 당신들은 죽음의 중요성도 모르고 죽음을 부정하며 **삶**에 지나치게 집착한다고 답할지도 모른다. 그에게 죽어감이란 살아감의 본질적인 기능 중 하나이며 배워 익히거나 반복을 통해 단련할 수 없는 유일한 것이다. 우리는 대개 경고 한번 받지 못하고 오로지 단 한 번 죽음을 경험하기 때문에 미리 대비하고 항상 준비하고 있어야 한다.

"죽음을 탐구하라." "죽음을 연습하라." "죽음을 훈련하라." 세네카가 이런 어구를 끊임없이 반복하는 이유는 병적 집착이 아니라 죽음이라는 근본적이며 최종적인 통과의례를 잘 지나는 것이 얼마나 중요한지를 인식하기 때문이다. 그는 『인생의 짧음에 대하여』에 이렇게 썼다. "일평생 잘 사는 방법을 배워야 한다. 뜻밖이라 생각할 수 있겠지만, 일평생 잘 죽는 방법도 배워야 한다." 세네카가 약 25년에 걸쳐 쓴 산문 중 죽음을 가장 중요하게 다룬 여덟 편의 산문

에서 발췌하여 모은 이 책의 구절들은 죽음에 관한
교훈을 속성으로 가르치려는 그의 노력이다.

인생의 끝을 잘 준비하기 I

준비하라

죽음을 준비하라

세네카의 가장 위대한 산문 작품 『도덕적 서간집』은 절친한 친구 루킬리우스에게 보내는 편지 모음집이다. 루킬리우스도 세네카와 같이 『도덕적 서간집』이 구성되던 당시(AD 63~65) 60대였다. 죽음과 죽어감은 이 편지들에서 두드러지는 주제이며 30, 70, 77, 93, 101번째 편지를 비롯해 여러 편지에서 거의 이 주제만 다룬다. 전체 본문(인사말과 끝인사를 기준으로 나눔)으로든 부분으로든 이 책에서 모두 다룰 것이다.

세네카의 편지는 보통 아픈 친구의 병문안이나 (아래 인용 본문처럼) 책을 읽다가 떠오른 생각 같은 일상생활에서의 경험으로 시작한다. 친밀한 편지글 형식을 띠고 있지만 『도덕적 서간집』은 애초에 출판을 위해 쓰인 글이며 수신인인 '너'는 루킬리우스

일 때도 있지만 로마 시민이나 모든 인간을 가리키기도 한다.

에피쿠로스는 "죽음을 연습하라"³라고 말한다. 이 말의 의미를 더 분명하게 전달하자면 "죽음을 맞이하는 방법을 배우는 것은 훌륭한 일이다"라고 할 수 있겠다. 딱 한 번만 사용하는 기술을 배우는 일이 쓸모없다고 생각할 수도 있겠지만 그것이야말로 우리가 죽음을 연습해야 하는 이유다. 우리는 알기는 해도 경험으로 말할 수 없는 것을 항상 연구해야 한다. "죽음을 연습하라." 이렇게 충고하는 사람은 우리에게 자유를 연습하라고 명령한다. 어떻게 죽을 것인지 배운 사람들은 어떻게 노예가 되는지를 잊는다. 이는 다른 모든 능력을 뛰어넘고 압도하는 능력이다. 감옥이나 교도관, 자물쇠가 그들에게 무슨 문제겠는가? 그들에게는 자유로 향하는 출입문이 있다. 우리를 감

금하는 사슬은 단 한 가지, 삶을 사랑하는 것이다. 그 사슬을 벗어던질 수 없다면 차츰 사그라지게 두라. 그러면 어떤 상황에서든 그 무엇도 우리가 해야 할 일을 즉시 할 수 있도록 준비하지 못하게 가로막거나 억제하지 못하리라.

『도덕적 서간집』 26.8-10

평정심을 유지하고 떠나라

아래 편지에서 세네카는 공직에서 벗어나 고요함
을 추구하는 익명의 친구에게 어떻게 조언해야 하
는지 루킬리우스에게 알려준다.

만일 네 친구가 파르티아에서 태어났다면 그는 태
어나면서부터 손에 활을 쥐고 있었을 것이다. 게르마
니아에서 태어났다면 소년기에 들어서자마자 창을
휘둘렀을 것이다. 만일 우리 조상들의 시대에 살았더
라면 기병대에서 말 타는 법과 백병전에서 적을 제압
하는 법을 배웠을 것이다. 국가마다 국민에게 요구하
고 권고하는 훈련이 있다. 그렇다면 네 친구는 무엇
을 연습해야 하겠는가? 그 어떤 무기나 적군과 대적
해도 효과적인 병법은 죽음을 개의치 않는 것이다.

죽음에는 어쩐지 두려운 구석이 있어서, 대자연이 자기애로 부여한 우리의 정신은 죽음 때문에 동요한다. 죽음이 두렵지 않다면 우리는 자발적으로 죽음을 맞이하려 준비하거나 스스로를 갈고닦을 필요가 없을 것이다. 우리는 자기보존이라는 동기를 가지고 있기 때문이다. 그러나 그 누구도 안락한 생활에 만족하며 머무르라고 **배우지** 않는다. 도리어 필요하다면 다음과 같은 일들에 대비하여 마음을 단단히 먹곤 한다. 고문 때문에 신의를 저버리지 않기 위해서, 상처를 입었어도 간밤에 경계를 서야 하니 흐트러지지 않기 위해서, 잠은 어딘가에 기대고 있는 사람들에게 몰래 다가오기 때문에 똑바로 세운 창에조차도 몸을 기대지 않고 경계를 지키기 위해서 말이다. (…)

하지만 더 오래 살고자 하는 강렬한 열망이 너를 단단히 사로잡고 있다면? 너는 시야에서 사라진 것들이나 우주에서 피어났다가 사그라진 (그리고 곧 다시 피어날) 것 중 고갈되는 것은 없음을 기억해야만 한다.

우리가 두려워하고 회피하는 죽음이 우리 삶을 빼앗아가는 것이 아니라 잠시 중단하는 것처럼, 이러한 것들은 죽지 않고 잠시 멈출 뿐이다. 우리가 빛으로 돌아오는 날이 다시 올 것이다.[4] 만일 그날에 우리가 기억을 잃지 않은 채로 돌아오는 것이 아니라면, 사람들은 그날을 거부할 것이다.

그렇지만 죽은 것처럼 보이는 것들은 그저 죽는 것이 아니라 변형되는 것이다. 세상에 다시 돌아올 사람은 평정심을 유지하고 떠나야 한다. 우주가 스스로 순환하는 법을 생각해보라. 이 우주에서 소멸하는 것은 없으며, 떨어지는 것은 다시 솟아오름을 너도 알 것이다. 여름은 가지만 한 해가 지나면 또 다른 여름이 오고 겨울이 지나가도 몇 개월 지나면 다시 겨울이 돌아온다. 밤은 해를 가려버리지만 곧이어 햇빛이 밤을 몰아낼 것이다. 지나간 별자리의 움직임은 반복되고 이쪽 하늘이 떠오르면 저쪽 하늘은 지평선 아래로 떨어진다.

마지막으로 한 가지만 덧붙이겠다. 갓난아기, 어린이, 혹은 마음이 괴로운 사람 중 누구도 죽음을 두려워하지 않는다. 우리의 이성이 우리에게 자신의 어리석음에 끌려 다니는 자들도 얻는 안도감을 주지 못한다면 그것은 매우 불쾌한 일이다. 잘 지내기를 빈다.

『도덕적 서간집』 36.7-12

죽음을 위한 연습

세네카는 폐결핵을 포함하는 호흡기 질환과 천식으로 평생 고통받았다. 그의 기록에 따르면 그 불편함 때문에 청년기에 자살을 고민하기도 했다. 그는 일평생 아래에 묘사되는 발작을 경험했을 테지만 특별히 의사들이 그 발작들에 붙여준 이름이 (세네카에 따르면) **메디타티오 모티스**meditatio mortis, 즉 '죽음을 위한 연습'인 점을 고려하면 세월이 지나면서 질병에 의미가 더해진 셈이다.

루킬리우스에게

좋지 못한 건강이 내게 길고 긴 집행유예를 선고했다가 갑자기 다시 찾아왔다. "어떤 종류의 병인가?" 너는 내게 물었다. 내가 경험해보지 못한 병은 없으니 적절한 질문이었다. 그러나 내 몫의 질병은 하나뿐이라고 너는 말할지도 모르겠다. 그리스어로 뭐라 부르는지 모르겠지만 **서스피리움**suspirium이라고 하면 적당할 것이다.[5] 그 질병은 폭풍처럼 순간적으로 갑자기 다가와서 거의 한 시간 넘게 지속한다(누가 이 긴 시간 동안 죽을 수 있겠는가?). 그동안 모든 물리적인 불편과 위험이 나를 훑고 지나간다. 이 이상 나를 화나게 하는 것은 없다. 어찌 그러지 않을 수 있겠는가? 이는 병이 아니라 그와는 완전히 다른 것, 생명과 영혼의 손실이다. 그래서 의사들은 이를 "죽음을 위한 연습"이라고 부르며, 육체는 미수에 그치는 죽음에 종종 정신은 도달하기도 한다.

내가 고통에서 해방되었기 때문에 기분이 좋으리라고 생각하는가? 일시적으로 건강이 좋아졌다고 기뻐하는 것은 재판이 연기되었을 때 승리를 선언하는 것처럼 터무니없는 짓이다. 그렇지만 나는 숨이 막히는 중에도 용감하고 행복한 생각을 하며 쉬지 않고 평안을 찾았다. "이 고통은 무엇인가?" 나는 이렇게 자문한다. "죽음이 나를 자주 시험하는 것일까? 그러라지. 나도 오랫동안 죽음에 똑같이 해왔으니." 그게 언제였냐고 너는 내게 물었다. 내가 태어나기도 전, 죽음이 존재하지 않는 동안이었다. 나는 그게 어떤 형태인지 알고 있다. 내가 존재하기 전처럼 죽음 이후도 똑같을 것이다. 만일 죽음이 어떤 고통을 가지고 있다면 그 고통은 우리가 빛으로 나오기 전부터 존재했어야 한다. 하지만 우리는 그 전에 아무런 문제도 느끼지 못했다. 내가 너에게 묻겠다. 만일 누군가 램프가 켜지기 전보다 꺼진 후가 더 나빠졌다고 판단한다면 너는 그 판단을 매우 어리석다 하지 않겠는가? 우리도 불이 켜졌다 꺼진다. 그 사이에서 우리는 느끼고 경험한다. 그 이전과 이후는 진정한 평화다. 루킬리우스, 내 판단이 틀리지 않다면 우리는 여기서 실수한다. 우리는 죽음을 나중에 오는 것으로 생각하지만 사실 죽음은 삶 이전과 이후에 온다. 우리 존재 이전에 존재했던 것은 모두 죽음이다. 삶을 끝내는 것이든 혹은 삶을 시작해본 적이 없는 것이든 무엇이 문제인가? 어느 쪽이든 결과는 그저 네가 존재하지 않는다는 것이다.

나는 나 자신에게 이런 격려를 계속해주었다. 말할 여유가 없어서 말없이 했다. 그러면 일종의 호흡 곤란으로 변했던 **서스피리움**이 나에게 숨을 틔워주고 점점 멎어갔다. 하지만 멈췄다 하더라도 완전히 끝나지는 않아서 나는 아직도 자연스럽고 편안하게 숨 쉬지 못한다. 호흡의 리듬 중 끊김이나 호흡과 호흡 사이의 지연이 느껴진다. (…)

내 말을 믿어라. 나는 마지막 순간에도 떨지 않을 것이다. 나는 준비되어 있다. 앞으로 남은 모든 날에 대해 전혀 생각하지 않는다.[6] 사는 것이 즐겁더라도 죽기를 거부하는 사람을 칭찬하거나 따라 하지 말라. 내쫓기듯 떠나는 것에 무슨 덕이 있겠는가? 하지만 여기에도 덕이 있으니, 나는 내쫓길 테지만 그럼에도 나의 떠남을 받아들인다. 내쫓긴다는 것은 떠나는 자리에서 본의 아니게 추방당하는 것이기에 현자는 절대 내쫓기지 않는다. 현자는 모든 일을 본의 아니게 하지 않는다. 그는 필연에서부터 벗어난다. 왜냐하면 그는 필연이 강요하는 죽음을 염원하기 때문이다. 잘 지내기를 빈다.

『도덕적 서간집』 54

중용에 관해 탐구할 때 자기 인생의 짧음과 그 불확실성에 대해 생각하는 것보다 더 큰 유익이 되는 것은 없다. 무슨 일을 하든 죽음에 시선을 두라.

『도덕적 서간집』 114.27

인생의 끝을 잘 준비하기 Ⅱ

두려워하지 말라

슬퍼하지 말라

AD 63년 세네카가 자신의 대표작『도덕적 서간집』 집필을 시작했을 때 그는 이미 25년 이상 윤리에 관한 저작 활동을 이어오고 있었다. AD 40년대 초부터 지금까지 현존하는 그의 초기 작품들은 사랑하는 이의 죽음이나 부재를 슬퍼하는 친구들 혹은 친척들(자신의 모친을 포함하여)을 달래기 위해 쓴 위로문이다. 아래를 비롯하여 이 책 전반에 걸쳐 여러 번 인용될 본문인『마르키아에게 보내는 위로문』에서 세네카는 10대 아들을 잃어 슬퍼하는 어느 어머니에게 편지를 보낸다.

죽은 이가 질병으로 고통받지 않으며, 저승을 공포의 근원으로 만드는 이야기들이 단지 꾸며낸 것에 불과하다고 생각해보라. 죽은 이에게 드리우는 그림자도 없고 감옥도, 불꽃이 이글거리는 강도, 망각의 물도 없다. 시험이나 재판도, 해방된 자유의 공간을 또다시 다스리는 독재자도 없다. 시인들은 농담 삼아 이러한 것들을 만들어내 우리의 정신을 공허한 공포로 괴롭게 한다. 죽음은 모든 슬픔의 해체이며 질병이 갈 수 없는 곳 너머 끝자락이다. 죽음은 우리가 태어나기 전에 머물고 있었던 평화로 우리를 되돌려놓는다. 누군가 죽은 이를 불쌍하게 생각한다면 그 사람더러 아직 태어나지 않은 이들도 불쌍히 여기라 하라.

『마르키아에게 보내는 위로문』 19.4

죽음을 두려워하지 않는 위대함

세네카는 에세이 『마음의 평온에 대하여』에서 죽음에 대한 두려움이 죽는 것을 더 어렵게 만들 뿐 아니라 삶의 모든 고결함과 도덕적 청렴까지 감축시킨다고 주장한다. 아래의 두 번째 발췌문에서 세네카는 우리에게 거의 알려지지 않은 율리우스 카누스Julius Canus를 사례로 들어 죽음을 두려워하지 않는 이들에게 나타나는 '정신의 위대함'을 설명한다.

왔던 곳으로 되돌아가는 것을 두려워함은 무엇 때문인가? 잘 죽는 법을 모르는 이는 잘 살지 못한다. 그러므로 우리는 우선 삶에 매겨놓은 값어치를 낮추고 우리의 숨을 값싼 것 중 하나라고 여겨야 한다. 키케로가 말한 것처럼 우리는 목숨을 보전하기 위해 온

39

갖 수단을 동원하는 검투사를 싫어하며, 오히려 목숨을 돌보지 않고 그저 배지처럼 달고 있는 검투사에게 호감을 느낀다. 모든 사람 앞에 똑같은 결과가 기다리고 있는데, 두려워하며 죽어가는 것은 그 자체로 죽음의 원인이 된다는 사실을 기억하라. 우리를 조롱하는 운명의 여신은 말한다. "내가 너를 왜 살려줘야 하는가, 하찮고 겁 많은 존재여. 만일 네가 자기 목을 기꺼이 내놓는 방법을 배우지 못한다면 너는 더욱 상처받고 난도질당할 것이다. 그러나 목을 뒤로 빼거나 손을 치켜들지 않고 용감하게 칼을 받아들인다면 너는 더 오래 살 것이고 더 어렵지 않게 죽을 것이다." 죽음을 두려워하는 사람은 살아 있는 사람들에게 도움 될 것 하나 없다. 하지만 생명이 잉태된 순간 죽음이 정해졌음을 아는 사람은 순리대로 살 것이며, 이와 같은 방식으로 생각하면 자신에게 일어나는 일 중 깜짝 놀랄 것은 없음을 확신하게 될 것이다.

『마음의 평온에 대하여』 11.4

압도적인 위인 율리우스 카누스[7]는 (…) 황제 칼리굴라와 긴 논쟁을 했다. 제2의 팔라리스[8] 칼리굴라는 방을 떠나며 말했다. "자네는 되잖은 희망에서 위안을 얻지 않으니 사형 집행장에 끌고 가라고 명령했다네." 카누스는 이렇게 대답했다. "망극하옵니다, 황제시여." 그가 어떤 기분이었는지는 모르겠다. 그저 몇 가지 가능성은 상상할 수 있다. 죽음을 선물처럼 보이게 하여 황제의 잔학함이 얼마나 심했는지를 나타내 모욕을 주고 싶었던 걸까? 아니면 (제 자식까지 처형당하거나 재산을 몰수당했던 이들이 이런 식으로 감사를 표하곤 했기에) 황제의 습관적인 광증을 비난하는 것이었을까? 혹은 마치 자유를 하사받듯 형을 기쁘게 받아들인 것일까? 이유가 무엇이든 그의 응답은 정신의 위대함을 보여주었다. (…) 사형수 무리를 이끌어 가는 백부장이 이제 가야 할 시간이라고 전했을 때 그는 보드게임을 하고 있었다. 그 부름을 듣자 카누스는 조각을 세며 게임 상대에게 말했다. "내가 죽은 후에 당

신이 속임수를 쓰지 않고도 이겼다고 말할 수 있는
지 보시오." 그런 다음 백부장에게 돌아서서 말했다.
"당신이 내 증인이오. 내가 1점 앞서고 있소."

『마음의 평온에 대하여』 14.4

마지막 시험을 통과하는 법

『도덕적 서간집』의 내용을 미루어보면 세네카는 인생 말년에 가까운 사람들의 질병과 죽음을 많이 목격했고 그들이 저마다 마지막 시험을 어떻게 마주했는지를 세심하게 기록했다. 그는 자신의 친구 루킬리우스에게, 그리고 『도덕적 서간집』을 출판하여 로마 세계 전체에 교훈을 주기 위해 그 사례들을 제시했다.

루킬리우스에게

나는 고아한 동료 아우피디우스 바수스^{Aufidius Bassus}를 보러 갔다. 그는 고통스럽고 힘겨운 노년을 보내고 있었다. 노년의 나이가 거대한 무게로 그를 구석구석 누르고 있어서 그에게 기운을 불어넣어 주는 것보다 그를 짓누르는 것이 더 많았다. 너도 알 듯 그의 몸은 줄곧 약하고 말랐다. 그는 오랜 시간 그 몸을 유지하고 (조금 더 정확하게 말하자면) 간신히 부여잡고 있었지만 갑자기 무너져버렸다. 배의 선창에 물이 들어올 때 구멍 하나나 둘 정도는 막을 수 있지만 여러 곳이 부서지고 가라앉기 시작하면 선박의 난파를 막을 도리가 없는 것처럼, 노년에 이른 육체의 연약함도 잠깐은 지탱하고 버틸 수 있지만, 무너지는 집처럼 모든 이음매가 분해되고 오래된 틈새를 메우는 사이에 새로운 틈이 갈라지면 그때는 떠날 방법을 찾을 시간이 된 것이다.

그러나 우리의 친구 바수스는 예리한 정신을 유지하고 있다. 철학이 그에게 명민함을 제공한다. 죽음이 눈에 보이는 곳까지 가까이 다가올 때 기운을 잃지 않게, 몸의 상태가 어떻든 힘과 기쁨을 유지하게, 심지어 쇠하여진 때에도 포기하지 않게 한다. 위대한 선장은 찢어진 돛으로도 항해를 이어나가며 화물은

버려도 배는 지켜낸다. 이것이 우리의 친구 바수스가 한 일이다. 그는 자신의 종말을 다른 이의 종말을 보듯 무심한 태도와 표정으로 바라본다. 루킬리우스, 이는 진정 위대한 일이며 이를 위해 언제나 미리 준비되어 있어야 한다. 피할 수 없는 시간이 오면 평온한 마음으로 떠나라.

다른 종류의 죽음은 희망이 함께 버무려진다. 질병이 완화되기도 하고, 화재가 진압되거나 거의 망해 가던 사람이 파산을 면하기도 하고, 바다가 맹렬하게 집어삼켰던 사람들이 안전하게 돌아오며, 죽을 운명에 놓인 남자의 목에 드리운 칼이 거두어지기도 한다. 하지만 죽음을 향해 가는 나이의 노인에게 희망이 될 것은 없다. 그에게만은 집행유예가 불가능하다. 이보다 더 점차적이고 오래 지속되는 죽음의 방식은 없다.

우리의 바수스는 자신의 몸을 직접 장지에 눕히고 무덤까지 동행할 것처럼 보였다. 그는 자기 자신보다 오래 사는 사람처럼 살아가며 현자라면 마땅히 그러하듯 슬픔을 스스로 견딘다. 그가 죽음을 자유롭게 언급하고 너무도 차분하게 감당해서, 만일 이 일이 두렵거나 괴롭다면 이는 죽어가는 사람의 잘못이지 죽음의 잘못이 아니라고 생각하게 된다. 죽어감이라는 행위에 죽음 이후가 있다는 생각보다 두려운 것은 없다. 그러나 경험하지도 않을 것을 두려워하는 것만큼 느껴지지도 않을 것을 두려워하는 것은 어리석은 일이다. 그런데 죽음이 **느껴지리라** 생각하는 사람이 있겠는가? 느낄 수 있는 것이라곤 아무것도 만들어 내지 못하는 바로 그것이 말이다.

바수스는 이렇게 선언한다. "그러므로 죽음은 악에 대한 두려움 너머에 있으니 모든 악을 훨씬 능가한다." 이러한 말들이 자주 언급되어야 하며, 실제로도 그러고 있음을 잘 알고 있다. 하지만 그런 내용의 글이나 어떤 공포도 담고 있지 않은 것들을 두려워할 필요가 없다는 사람들의 말이 내게 그리 도움이 된

적은 없다. 내가 보기에 가장 설득력 있는 사람은 죽음 가까이에서 말하는 사람이다. 내가 믿는 바를 있는 그대로 말하겠다. 나는 죽음 한가운데 있는 사람이 가장자리로 비껴가는 사람보다 더 용감하다고 생각한다. 무지한 사람이라도 죽음이 임박하면 피할 수 없는 상황을 직면할 의지가 생겨난다. 전투 중에는 겁이 많았던 검투사가 적에게 자신의 목을 내어주고 검이 빗겨나면 다시 자신에게로 가져다 대는 것처럼 말이다. 하지만 (반드시 오기는 하겠지만) 고작 가까운 정도의 죽음은 흔들림 없는 의지의 확고함을 주지 않는다. 이는 현자에게서만 볼 수 있는 드문 현상이다. 그러므로 죽음에 대해 알릴 자격이 있는 사람이라면 나는 죽음에 대한 그의 의견과, 마치 가까이에서 지켜본 것처럼 죽음이 어떠한지 알려주는 그의 이야기를 기꺼이 들을 것이다. 내 생각에 너는 죽었다가 다시 살아나 자신의 경험상 죽음에는 악이 없다고 말해주는 사람이나 되어야 신뢰할 만하고 대단하다고 여길 것 같다. 그렇지만 죽음 앞에 선 자들, 죽음이 다가오는 것을 보고 받아들인 자들이야 말로 죽음이 다가오면서 어떤 혼란스러운 상황들이 딸려오는지 가장 잘 말해줄 수 있다.

바수스를 그런 사람으로 생각하면 된다. 그는 우리가 속지 않기를 바라는 사람이다. 바수스는 나이가 젊음에 뒤이어 오듯 죽음도 나이에 뒤따라오기에 죽음을 두려워하는 것은 노년을 두려워하는 것처럼 어리석은 일이라고 말한다. 누구든 죽고 싶지 않은 사람은 살고 싶지도 않은 것이다. 삶에는 한계로써 죽음이 함께 주어진다. 죽음은 보편적인 종점이다. 두려움이란 우리가 불확실하다고 여기는 것에 나타나는 감정이므로 죽음을 두려워하는 것은 바보 같은 짓이다. 가능성은 준비되어 있다. 죽음의 강제성은 공정하며 반대할 사람이 없다. 아무도 분배할 수 없는 조건을 다 같이 공유하는 것에 누가 불평할 수 있는가? 공정으로 나아가는 첫 단계는 공평함이다. 여기서 대자연을 구실로 삼을 필요는 없다. 대자연은 우리의 법이 대자연의 법칙과 같기를 원한다. 대자연은 무엇을 구성하든 해체하며 해체한 것을 다시 구성한다. 노년이라는 나이가 누군가를 천천히 죽이는 것, 별안간 삶에서 억지로 떼어놓는 것이 아니라 조금씩 풀어놓는 것이라면, 그 사람은 삶을 한껏 맛본 후 모두에게 필요하며 지친 사람에게 반가운 휴식을 가져다준 신들에게 감사해야 한다.

너는 보통 사람들이 추구하는 삶보다 죽음을 더 기다리는 이들을 마주한다. 죽음을 구걸하는 사람과 고요하고 기쁘게 기다리는 사람 중 누가 우리에게 더 큰 의지를 전해주는지는 모르겠다. 전자는 광기나 갑작스러운 분노 때문에 가끔 생겨나는 반면 후자는 꾸준한 판단으로 생긴 평온을 누린다. 분노에 차서 죽음에 이르는 사람들은 있지만 스스로 죽음을 오랫동안 준비한 사람 외에 죽음의 도래를 기꺼이 맞이하는 사람은 없다.

고백하건대 나는 여러 이유로 사랑하는 친구 바수스를 보러 갔다. 부분적으로는 그가 항상 같은 모습인지, 아니면 체력과 함께 의지력이 약해지지는 않는지 알아보기 위함이었다. 전차 경주에서 마지막 일곱 번째 승리가 다가올 때 점점 더 또렷해지는 전차 기수의 기쁨처럼, 실제로 그의 의지력은 더 강해졌다. 에피쿠로스학파의 가르침과 같이 그는 무엇보다도 자신의 마지막 숨에 고통이 없기를 희망하지만, 고통이 있을지라도 그리고 그 고통이 제아무리 강력할지라도 오래 지속되지는 않을 것이기에 그 덧없음에서 위안을 느낀다고 말했다. 게다가 영혼은 몸에서 고통스럽게 분리된다고 하더라도 그는 이렇게 생각하며 위안을 얻었다. 이 고통 이후에는 더 이상 고통을 느낄 수 없을 것이라고 말이다. 그러나 그의 지긋한 영혼은 이미 입술 끝에 달려 있고 거기서 떼어내기 위해 그리 대단한 힘이 필요하지 않음은 의심할 여지가 없었다. 그가 말하기를, 불쏘시개가 준비되어 있는 불은 반드시 물로 꺼야지, 그렇지 않으면 건물을 무너뜨리고 나서야 진화될 것이지만 연료가 부족한 불은 알아서 죽는다 했다. 루킬리우스, 내가 이 이야기들을 기쁘게 들었던 이유는 새로운 이야기이기 때문이 아니라, 바로 내 눈앞에 있는 것에 이끌렸기 때문이었다.

그것이 무엇이었겠는가? 나는 자신의 삶을 스스로 짧게 끝내버린 사람을 많이 보지 않았던가? 실로 그러했다. 그러나 삶에 대한 싫증 없이 죽음에 이른 사람들, 죽음을 끌어당기기보다 받아들인 사람들이 내게 더 깊은 인상을 남긴다. 바수스는 우리가 느끼는 고통이 우리가 만들어내는 것이라고, 죽음이 가까이 있다고 믿을 때 우리는 두려워 떤다고 말하곤 했다. 그러나 죽음이 준비를 마치고 모든 순간, 모든 장소에서 대기하고 있을 때 죽음과 가까이 있지 **않은** 사람이 누구겠는가? 그는 이렇게 말한다. "죽음의 원인이 다가오는 것 같다면 가까운 곳에 우리가 두려워하지 않는 다른 죽음의 원인이 얼마나 많이 있는지를 생각해보자." 적군이 상대를 죽이리라 위협해도 배탈이 그보다 먼저 죽음에 이르게 할 수 있다. 만일 우리가 두려움의 이유를 구별하고 싶다면 실제로 존재하는 것과 그저 존재하는 것처럼 보이는 것들을 분간해야 할 것이다. 우리는 죽음을 두려워하지는 않지만 죽음에 대해 생각하는 것은 두려워한다. 죽음 자체는 언제나 일정한 거리 밖에 있다. 만일 죽음이 두려워해야 하는 대상이라면 항상 두려워해야만 한다. 죽음에서 면제되는 시간이 있겠는가?

그렇지만 나는 네가 죽음보다도 이 장문의 편지를 훨씬 더 싫어할까 봐 두렵다! 그래서 이만 끝을 맺으려 한다. 넌 이제 죽음을 항상 연구하여 절대 두려워하지 않도록 하라. 잘 지내기를 빈다.

『도덕적 서간집』 30

영예로운 것은 죽음 그 자체가 아니라 용감하게

죽는 것이다. (…) 아무도 죽음을 예찬하지는 않는다. 우리는 오히려 죽음이 혼란을 불러오기 전에 죽음을 떼어낸 영혼의 소유자를 예찬한다. (…) 카토에게는 영예로웠던 죽음이 데키무스에게는 수치스러운 일이 되었다.[9] 데키무스는 곧 죽게 되어 죽음의 유예를 비는 와중에도 화장실에 가려고 뒤로 물러서던 사람이며, 사형을 선고받고 목을 내놓으라고 명령받았을 때 "살 수 있다면 목을 내놓겠다"라고 말했던 사람이다. 뒤로 물러설 곳이 없을 때 달아나는 것은 얼마나 미친 짓인가! "살 수 있다면 목을 내놓겠다." 다음에 그는 이렇게 덧붙였다. "…안토니우스 밑에서라도." 이 정도면 살라고 허락해줘도 될 만한 사람 아닌가!

하지만 내가 앞서 이야기했듯 죽음은 그 자체로 선하지도 악하지도 않음을 너도 알 것이다. 카토는 죽음을 가장 고귀하게 사용했고 데키무스는 가장 수치스럽게 사용했다. 그 자체로 영예롭지 않은 것이라도 덕과 합하면 영예를 얻는다. (…) 금속은 그 자체로 차갑지도 뜨겁지도 않지만 용광로에 들어가면 뜨거워지고 물에 담그면 차갑게 식는다. 죽음은 영예로운 것을 거쳐서, 즉 외관에 가치를 두지 않는 정신과 덕을 통해서 영예로워진다.

하지만 루킬리우스, 우리가 선과 악 사이의 '중간'이라고 부르는 것들 사이에도 구분이 있어야 한다. 죽음은 머리카락의 개수가 홀수인지 짝수인지 같은 '아무래도 좋은 것'[10]이 아니다. 죽음은 나쁘지 않은 것들 사이에 있지만 그럼에도 불구하고 나쁨이라는 외관을 가지고 있다. 자기 자신을 사랑하는 것과 자기를 보존하고 건사하고자 하는 욕망은 소멸에 대한 반감과 아울러 깊이 뿌리박혀 있다. 소멸은 우리에게서 다수의 선한 것을 벗겨내고 익숙한 것을 많이 빼앗아가기 때문이다. 우리를 죽음에서 멀리 떨어뜨려 놓는 또 한 가지는, 우리가 지금 자기 앞에 무엇이 있는지는 알지만 미래에 건너가야 할 곳이 어떤지는 모르며 그 미지의 세계를 두려워한다는 점이다. 어둠에 대한 우리의 공포는 자연스러우며 죽음은 우리를 어둠으로 이끌어간다고 여겨지기도 한다. 그래서 죽음이 '아무래도 좋은 것'이라 하더라도 쉽게 무시할 수는 없다. 지속적으로 죽음을 직면하고 다가오는 죽음을 마주하는 훈련을 통해 정신을 단련해야만 한다.

죽음은 관습적으로 경멸당하는 것 이상으로 경멸당해야 한다. 우리는 죽음에 대한 많은 것을 의심 없이 받아들인다. 그런데 수많은 재주꾼은 죽음에 관한 나쁜 평판을 퍼뜨리려고 노력하며 지하 감옥, 영원한 밤으로 뒤덮인 왕국 등으로 죽음을 묘사한다. 이를테면,

오르쿠스의 대문을 지키는 문지기는
핏방울이 낭자한 동굴에서 반쯤 먹어 치운
뼈다귀 위로 몸을 길게 뻗고
죽은 자들을 두렵게 하기 위해 그들의 핏기
없는 그림자를 향해 끝없이 짖는다.[11]

그런데 이 이야기들이 우화에 불과하며 사후세계에는 죽은 자들을 두렵게 하는 것이 아무것도 없음을 안다 해도 또 다른 공포가 존재한다. 사람들은 지하세계에 존재하는 것을 두려워하는 만큼 어디에도 존재하지 않는 것을 두려워하기 때문이다.

우리가 아주 오랜 시간에 걸쳐 귀에 딱지 앉게 들어온 이러한 이야기들에 맞선다면, 인간 정신의 가장 위대한 성취 중 하나인 용감하게 죽는 것이 어찌 영광스럽지 못하겠는가? 죽음이 악한 것이라고 생각한다면 정신은 덕을 얻지 못하겠지만 죽음을 아무래도 좋은 것으로 여긴다면 가능할 것이다.

『도덕적 서간집』 82.10-17

고통과 갈증, 허기, 노년 — 인간계에서의 오랜 지연이 네게 주어진다는 전제하에 — , 질병, 상실, 죽음을 경험하는 것은 적절한 일이다. 그러니 네 주위에 큰 소음을 만들어내는 이들을 신뢰할 이유가 없다. 이러한 것 중에 나쁘거나 견딜 수 없거나 혹독한 것은 전혀 없다. 그저 여론에 의한 두려움이 달라붙을 뿐이다. 너는 죽음을 두려워하지만 그 두려움은 근거 없는 소문에 불과하다. 이야기를 두려워하는 사람보다 더 어리석은 사람이 누가 있겠는가? 우리 친구 데메트리오스 Demetrius**12**는 배고플 때 꼬르륵 소리가 나오는 바로 그곳에서 무지한 자들의 말이 나온다고 종종 말한다. 그는 이렇게 말했다. "내게 중요한 것은 그들이 저 꼭대기에서 마구 떠드느냐 아니면 저 바닥에서 떠드느냐."

불명예스러운 자들이 불명예스럽게 만든 것을 두려워함은 미친 짓이다. 악한 소문을 두려워할 이유가 없는 것과 마찬가지로, 소문이 두려움을 심어주지 않았다면 두려워하지 않았을 것을 두려워할 이유도 없다. 선한 사람은 추잡한 소문으로 더럽혀져도 해를 입지 않는다. 그렇지 않은가? 죽음도 나쁜 평판을 가

입지 않는다. 그렇지 않은가? 죽음도 나쁜 평판을 가지고 있다. 그러나 우리 시각에서는 그 나쁜 평판이 죽음을 손상시키지 않게 하자. 죽음을 고발하는 이들 중에는 그 누구도 죽음을 겪어본 적이 없으며, 알지 못하는 것을 비방하는 것은 경솔한 짓이다. 하지만 너는 **분명** 알고 있다. 얼마나 많은 사람이 죽음에서 유익함을 발견했는지, 죽음이 얼마나 많은 이들을 고문과 빈곤과 비탄과 형벌과 피로에서 건져주었는지를 말이다. 죽음이 **우리**의 손안에 있다면 우리는 그 누구의 손안에도 갇혀 있지 않다.

『도덕적 서간집』 91.18-21

육체의 지배에서 벗어나기

아래의 본문은 정신이 오를 수 있는 천상 수준의 고요한 사색에 대한 설명 다음에 이어진다. 마지막 문장에서 세네카는 자신의 뛰어난 수사학적 재능 중 하나인 날카로운 관찰력을 발휘하여 분명하고 예리한 유추를 이어나간다.

정신이 숭고한 수준에 오르면 육체는 정신의 불가피한 짐인 양, 정신은 육체의 애호자가 아닌 관리자가 된다. 정신은 책임져야 했던 것에 종속되지 않는다. 그 어떤 자유인도 육체의 노예가 되지 않는다. 육체에 관한 과도한 걱정에서 벗어난 대가들은 말할 것도 없다. 육체의 지배는 우울하며 요구사항이 지나치게 많다. 절제된 정신의 소유자는 육체를 뒤로하지만 위대한 정신의 소유자[13]는 거기서 뛰쳐나간다. 육체가 남겨진 후 그 끝이 어떨지 아무도 묻지 않는다. 우리가 머리나 턱수염의 삐죽 나온 터럭을 신경 쓰지 않듯 신적 유형의 정신은 인간이라는 형체에서 벗어날 준비를 하면서 영혼을 담는 그릇의 목적지 — 불에 〈타버릴지〉,[14] 땅에 묻힐지, 야생동물에게 찢길지 — 는 별로 중요하지 않다고 판단한다. 마치 해산 후에 배출되는 태반이 아기에게 별로 중요하지 않은 것처럼 말이다.

『도덕적 서간집』 92.33-34

인생의 끝을 잘 준비하기 Ⅲ

후회하지 말라

삶의 길고 짧음은 의미가 없다

세네카의 현존하는 가장 오래된 작품, 『마르키아에게 보내는 위로문』에서 저자는 아들을 잃은 엄마에게 슬퍼하지 말라고 엄중하게 설득한다. 여기뿐 아니라 다른 작품에서도 세네카는 다양한 논거를 사용하여 장수에 두는 가치와 삶이 짧게 끝나면 무언가 잃어버리는 것 같다고 느끼는 우리의 인식이 근본적으로 잘못되었음을 주장한다.

"아직 어린데 너무 빨리 죽었어요." 그 아이에게 아직 살날이 남아 있었다고 가정해보라. 그리고 인간에게 주어진 가장 긴 수명도 계산해보라. 얼마나 긴가? 우리는 아주 짧은 순간에 태어나서 얼마 지나지 않아 곧 다음 도착지로 가는 길을 튼다. (…) 내가 엄청난 속도로 흘러가는, 〈우리가 다 아는 그〉[15] 인간의 수명에 대해서만 말하는 것이겠는가? 도시의 나이를 생각해보라. 오랜 역사를 자랑하는 도시들조차 겨우 잠깐 유지되었을 뿐임을 알게 될 것이다. 모든 인간사는 짧고 덧없으며 무한한 시간의 영역 중 보잘것없는 부분밖에 차지하지 않는다. 우리는 이 땅, 도시와 사람과 강과 함께 바다에 둘러싸여 있는 이 땅이 모든 시간 ─ 세상의 나이는 시간의 폭 안에서 몇 번이고 되풀이되기에 이 세상보다 더 오래 계속되는 그 모든 시간 ─ 에 비교하면 마치 작은 점 같다고 생각한다.[16] 시간이 얼마나 더해지든 결국은 아예 없는 것과 마찬가지라면, 시간을 연장한다고 무엇이 달라지겠는가? 우리가 사는 삶이 길다고 말할 수 있는 유일한 방법은 삶을 충분하다고 여기는 것이다. 너는 내게 강건한 사람들, 오래 살아서 전설이 된 사람들의 이름을 열거할 수도 있겠다. 그들의 110년이나 되는 나이를 셈하여 볼 수도 있겠다. 그러나 모든 시간을 마음으로 헤아려, 어떤 사람이 얼마나 오래 살았는지를 그가 얼마나 오래 살지 **못했는지**와 비교하면 삶의 길고 짧음 사이에는 차이가 없다.

『마르키아에게 보내는 위로문』 21.1-3

짧더라도 완전한 삶

『도덕적 서간집』 중 부분 혹은 전체를 발췌한 아래의 네 본문에서 세네카는 삶을 양이 아닌 질로 측정해야 하며, 삶을 연장하는 것은 그 자체로도, 그리고 살아가는 중에도 바람직하지 않다고 독자들을 설득하려 노력한다. 매우 분명하나 받아들이기는 어려운 이 주장이 그의 철학의 근본이다. 다른 종류의 즐거움이나 신체적 경험은 우리가 만족하여 멈추게 되는 자연적인 종점이 있다. 우리는 세네카가 스스로 이루었다고 주장하는 것처럼 삶의 포만감에 가까이 이르도록 노력해야 한다.

루킬리우스에게

우리가 이전에 가지고 싶어 했던 것을 이제는 그

만 가지고 싶어 하자. 나로 말하자면 노인이 된 지금의 나는 어렸을 때 원했던 것들을 원하지 않는다. 낮에도 오로지 이 목표로 살아가며 밤에도 마찬가지다. 이전의 악한 것들을 끊어내는 것, 이것이 나의 일이고 연구다. 나의 하루는 내 삶 전체의 축소판이기 때문에 그렇게 실천한다. 맹세컨대 나는 하루를 마지막인 양 꽉 붙잡지는 않지만 **마지막일 수도** 있겠다고 생각한다. 실제로 지금 이 편지를 쓰는 와중에도 죽음이 나를 데리러 오고 있는 것처럼 하고 있다. 나는 떠날 준비가 되어 있다. 앞으로 얼마나 남았는지 계산하느라 시간을 허비하지 않기에 지금까지는 인생을 즐기고 있다.

나는 젊었을 때는 잘 사는 것에 관심을 두었고 늙어서는 잘 죽는 것에 신경 쓰고 있다. 잘 죽는 것이란 기꺼이 죽는 것을 의미한다. (…) 상황이 무엇을 요구하든 그것을 기대하며, 무엇보다 슬픔을 배제하고 죽음을 응시하기로 마음을 가다듬자. 우리는 삶을 준비하기 이전에 죽음에 대비해야 한다. 삶이 이미 잘 갖추어져 있는데도 우리는 더 채워 넣으려고 욕심낸다. 항상 무언가 부족해 보이고 앞으로도 계속 그래 보일 것이다. 그러나 충분히 살았음을 결정하는 것은 햇수도 아니고 날수도 아니고 정신이다. 소중한 루킬리우스, 나는 충분히 오래 살았다. 나는 마음 가득 죽음을 기다린다. 잘 지내기를 빈다.

『도덕적 서간집』61

너도 잘 아는 툴리우스 마르켈리누스Tullius Marcellinus, 온화한 젊은이였는데 금방 늙어버린 그 사람은 끈질기고 절망적이며 주의를 많이 요하는 병을 앓고 있었다. 치료를 받지 않은 것도 아니었다. 그래서 그는 죽음의 가능성에 무게를 두기 시작했다. 그는 친구들을 불러 모았다. 그들은 소심해서 마르켈리우스가 스스로 자기 자신을 격려했던 그 말로 똑같이 격려하거나 아첨꾼이 되어 여러 선택지를 놓고 고민하는 마르켈리우스가 듣기에 조금 더 기분이 나아질 만한 조언을 했다. 그러나 내가 보기에는 우리의 스토아 친구[17] — 뛰어난 동료이자, 그가 들어 마땅한 말로 칭찬하자면 참 용감하고 강건한 사람 — 가 그에게 최고의 조언을 해주었다. 그는 이렇게 말을 시작했다. "마르켈리누스, 엄청난 문제를 고민하는 것처럼 자기 자신을 괴롭히지 마시오. 살아 있는 것은 그리 큰 문제가 아니오. 당신의 하인이나 동물도 하는 일이지. 영예롭게, 신중하게, 용감하게 죽는 것, 이제는 **그것**이 중요한 일이라오. 식사나 잠, 사랑의 행위 등 당신이 지금까지 해온 일들이 얼마나 오래되었는지 생각해보시오. 이는 그저 우리가 통과하는 반복적인 일상이라오. 신중한 사람이든 용감한 사람이든 형편없는 사람이든 심지어 괴팍한 사람이든 죽음을 원한다오."

마르켈리누스는 이제 대변인이 아니라 조력자가 필요했다. 그의 하인들이 명령에 복종을 거부했기 때문이다.[18] 그래서 그 스토아 친구는 그들의 두려움을 없애는 것부터 시작했다. 하인들은 주인의 죽음이 자발적인 선택인지 아닌지 분명하지 않을 때 문제에 휘말린다는 점을 언급했다. 그렇게 되면 주인의 자살을 막기 위해 주인을 죽이는 악례가 될 수도 있다고 그는 말했다. 그러고 나서 마르켈리누스에게 몸을 돌려, 저녁 식사 파티가 끝나면 종업원들이 남은 음식을 서로 나누어가지듯 삶의 결말에 이르러 살아 있을 때 도와준 사람들에게 무언가를 나누어주는 것이 인도적인 일이라고 조언했다. 마르켈리누스는 평온한 사람이고 심지어 가세가 기울었을 때도 마음이 넉넉했던 자이기에 자신을 위해 흐느끼는 하인들에게 재산을 조금씩 나누어주고 그들을 아낌없이 위로했다.

그에게는 칼이나 피 흘림이 필요하지 않았다. 사흘간 곡기를 끊었고, 침실에 천막을 치라고 명령했다. 그 안에 욕조를 두고 그는 오랜 시간 욕조 안에 누워 있었다. 온수가 점점 더해지면서 그는 (그가 말했듯) 다소간 쾌감을 느끼며 서서히 죽어갔다. 그 쾌감이란

(가끔 정신이 흐릿해지는 것처럼) 우리도 모르지 않는,[19] 의
식이 천천히 흐려지면서 생기는 바로 그 느낌이다.

조금 빗나갔지만 네 친구의 죽음이 어렵지도 고통
스럽지도 않았음을 알았으니 이 이야기가 네게 그리
불쾌하지는 않았으리라. 그는 의식적으로 죽음을 결
정했지만 부드러운 방식으로 이 세상을 떠났으며 그
저 삶에서 미끄러지듯 빠져나갔다. 때로 이와 같은
예시들이 꼭 필요하기 때문에 이 이야기가 쓸모없지
는 않을 것이다. 우리는 죽고 싶지 않은데 죽어야 하
거나 죽어갈 때가 많다. 언젠가는 죽어야 함을 알지
못할 만큼 순진한 사람은 없지만 그 지점에 다다르면
다들 뒤돌아서고 떨며 애원한다. 그런데 누군가 지
난 천 년 동안 살아 있지 못했던 것을 슬퍼하며 흐느
끼고 있다면 너는 그 사람을 바보 중의 바보라고 생
각하지 않겠는가? 만일 앞으로 천 년을 더 살지 못하
기에 울고 있는 사람이 있다면 그도 똑같이 어리석
은 자다. 그저 같은 것이다. 너는 과거에 존재하지 못

했던 것처럼 미래에도 존재하지 못할 것이다. 과거나 미래는 네 것이 아니다. 너는 이 짧은 순간으로 밀려들어 왔을 뿐이다. 연장하면 얼마나 연장할 수 있겠는가? 왜 우는가? 무엇을 찾는가? 헛된 노력이다.

신이 정한 운명을 기도로 굽히려 하지 말라.[20]

운명은 이미 결정되었고 변하지 않으며 영원한 필연에 의해 지배를 받는다. 너 역시 모두가 가는 그곳에 가게 될 것이다. 그것이 왜 이상한가? 너는 이 법칙 아래에서 태어났다. 네 부모도, 조상도, 너보다 먼저 태어난 사람도, 너보다 나중에 태어나는 사람도 마찬가지다. 어떠한 노력으로도 바꿀 수 없는 절대불변의 결과가 만물을 휘감아 끌고 간다. 아직 죽지 않은 수많은 사람이 너의 발자취를 뒤따르리라는 사실이 얼마나 멋진가! 군중이 너와 동행하리라는 것이 얼마나 근사한가! 상상하건대 수천의 생명이 너와 함께 죽는다면 너는 죽음을 조금 더 용감하게 견뎌낼 수 있으리라. 실제로 수천의 생명이 — 사람이든 동물이든 — 네가 죽기를 주저하는 그 순간에 갖가지 방식으로 죽어가고 있다. 언제나 향하고 있던 곳에 언젠가 도착하리라 생각하지 않는가? 종점 없는 여행은 없다.

내가 위대한 사람의 예시만 든다고 생각하는가? 그렇다면 이제 젊은이들의 이야기를 하려 한다. 전설로 내려오는 이야기가 있다. 스파르타의 한 소년은 적에게 생포되었을 때 자신의 고향 도리스 사투리로 소리쳤다. "나는 노예가 되지 않겠어!" 그렇게 말하고 나서 그는 자신의 말을 지켰다. 모욕적인 노예의 일을 수행하라는 명령 — 요강을 가지고 오라는 명령 — 을 받자 그는 벽으로 돌진하여 자신의 머리를 깨버렸다. 자유가 이렇게나 가까이 있으니 누가 노예가 되겠는가? 네 아들이라면 아무것도 하지 않으며 오래 사는 것보다 이렇게 죽는 것이 낫지 않겠는가? 용

감하게 죽는 것은 소년들도 하는 일인데 너는 왜 번
뇌하는가?

네가 이를 받아들이지 않는다고 해보자. 너는 너
의 의지와 다르게 끌려갈 것이다. 그러니 다른 힘에
속한 법칙을 너의 것으로 만들라. 그 소년의 태도를
수용하지 않고 "나는 노예가 아니다"라고 말할 것인
가? 이 불쌍한 사람아, 너는 이미 사람과 물질과 삶에
매인 노예다(죽을 용기 없이 사는 삶은 노예 신세이기 때문이
다). 무엇을 기대해야 하겠는가? 너는 너를 붙잡아두
고 지체하게 하는 쾌락은 이미 다 소모해버렸다.[21] 네
게 새로운 것은 없으며 구역질 나도록 질려버린 것도
없다. 너는 포도주와 벌꿀주의 맛을 알고 있다. 암포
라(고대 그리스의 항아리 – 옮긴이 주) 백 통의 술이 너의 오
줌보를 지나든 천 통이 지나든 상관없다. 너는 그저
포도주용 가죽부대에 불과하다. 너는 굴과 숭어의 맛
도 아주 잘 알고 있다. 너의 탐욕이 앞으로 남은 세월
을 위해 아무것도 남겨두지 않고 이미 온갖 것을 다

맛보았다. 그런데 **이러한 것들**은 너의 의지와 다르게 떨어져 나가는 것들이다.

너에게서 떨어져 나가는 모습을 볼 때 고통스러울 것이 또 무엇일까? 네 친구들? 친구가 되는 방법을 알기는 하는가? 네 나라? 저녁 식사를 미룰 만큼만이라도 나라를 귀중하게 여기는가? 햇빛? 햇빛의 냄새는 맡을 수 있는가? 너는 주목받을 만한 일을 한 적이나 있는가? 인정하라. 네가 죽음을 주저하는 이유는 원로원 의사당이나 광장, 혹은 자연 세계를 향한 갈망이 아니다. 안 먹어본 것은 없지만 마지못해 두고 떠나야 하는 식료품점이다. 너는 죽음을 두려워한다. 하지만 네가 버섯 파티에서 죽음을 얼마나 조롱하는지를 보라![22] 너는 살고 싶어 하지만 어떻게 살아야 하는지 그 방법을 아는가? 너는 죽음을 두려워한다. 왜 그러한가? 지금 네 삶이 죽음 아닌가?

율리우스 카이사르는 비아 라티나^Via Latina^를 따라 지나가다가 줄지어 선 죄수 중 하나와 대화를 나누었다. 턱수염이 가슴까지 내려온 그는 카이사르에게 죽여 달라고 요청했다. "그래서 당신은 지금 살아 있는가?" 카이사르가 물었다. 이것이야말로 죽음이 손길을 뻗으며 다가오는 사람들에게 응답하는 방법이다. "당신은 죽기를 두려워하는데, 지금 살아는 있는가?" 그 남자는 이렇게 대답한다. "살고는 싶습니다. 저는 지금 영예로운 일을 하고 있습니다. 제가 성실하고 부지런하게 수행하고 있는 삶의 의무를 남기고 가고 싶지 않습니다." 너는 죽는 것도 삶의 의무 중 하나라는 사실을 알지 못하는가? 너는 의무를 저버리는 것이 아니다. 삶의 의무에는 정해진 수가 없으며 도달해야 하는 한도가 있는 것도 아니다.

짧게 끝나지 않는 삶은 없다. 세상의 본질을 탐구하려면 네스토르(그리스 전설에서 원숙한 노인으로 등장하는 인물 - 옮긴이 주)나 99년을 살았다고 묘비에 새겨달라던 사티아(로마 황제 클라우디우스 시대에 장수했던 귀족 여성 - 옮긴이 주)의 삶도 짧을 것이다. 장수를 자랑스러워하는 그녀의 모습을 너도 알 것이다. 하지만 그녀가 한 세기를 꼭 채워 살았더라면 누가 그녀를 견딜 수 있었겠는가? 삶도 이야기처럼 어떻게 잘 끝나느냐가 중요하지 얼마나 긴지는 중요하지 않다. 중간에 어디서 끊을 것인지는 문제 되지 않는다. 어디든 네가 좋아하는 곳에서 멈추라. 그저 근사하게 끝내기만 하면 된다.[23] 잘 지내기를 빈다.

『도덕적 서간집』 77.5-20

루킬리우스에게

철학자 메트로낙스Metronax의 죽음에 대해 그는 더 오래 살 수 있었고 더 오래 살아야만 했다고 한탄하며 써 보낸 네 편지에서 모든 문제와 사람에 대해 공평한 너의 성품이 이 문제에서만큼은 다른 사람들처럼 부족함을 발견했다. 나는 인간을 마주 대할 때 차분한 마음을 유지하는 사람은 많이 봤어도 신을 대할 때 그러는 사람은 보지 못했다. 우리는 매일 운명의 여신을 탓한다. "왜 그 사람을 삶의 여정 중간에 데려 갔습니까? 왜 다른 이는 데려가지 **않습니까?** 왜 저 노인은 자신과 타인을 괴롭게 하며 나이를 계속 먹어 갑니까?"

너에게 묻는다. 우리가 대자연에 복종하는 것과 대자연이 우리에게 복종하는 것, 둘 중에 무엇이 더 온당한가? 반드시 떠나야만 하는 장소를 얼마나 빨리 떠나는지가 무슨 상관이겠는가? 우리는 오래 사는 것이 아니라 충분히 사는 것에 관심을 두어야 한다. 왜냐하면 오래 살게 돕는 것은 운명이지만 충분히 살게 돕는 것은 자기 자신의 정신이기 때문이다. 삶은 충만하다면 길 것이며, 정신이 자신의 선을 스스로 되찾고 통제할 때 삶은 충만해진다. 느리게 지나가는 80년 세월이 어찌 특권이겠는가? 사는 것이 아니라 삶을 버티는 것뿐이다. 늦게 죽는 것이 아니라 오래 죽어가는 것이다. "그는 80년을 살았다." 맞다. 하지만 이는 네가 죽음의 지점까지 계산한 값에 달려 있는 문제다. "그는 한창때 갔어." 그것도 맞다. 하지만 그는 좋은 시민으로서, 좋은 친구로서, 좋은 아들로서의 의무를 다했다. 이 중 어느 것도 부족하지 않았다. 그의 수명은 짧게 끝났지만 그의 삶은 완전했다. "그는 80년을 살았다." 아니다. '살았다'라는 말을 나무가 살아 있는 것과 같은 의미로 사용한 것이 아니라면 그는 순수하게 80년 동안 **존재**했던 것이다. (…)

나로 말하자면, 내게 몇 년의 삶이 더 주어지는 것을 거부하지는 않을 것이다. 그러나 내 수명이 짧게 끊어진대도 이 삶을 행복하게 하는 것들이 전혀 부족하지 않았음을 고백할 것이다. 나는 내 탐욕스러운 희망으로 마지막 날이 되리라 기대했던 먼 훗날을 준비하지는 않았지만 매일을 마치 내 마지막 날**인 것**처럼 여겼다. (…)

키가 작은 사람도 완전할 수 있듯 삶의 기간이 짧더라도 완전할 수 있다. 수명은 통제 밖에 있다. 내가 얼마나 오래 살지는 내 권한이 아니지만 내가 얼마나 오랫동안 **진정으로** 존재할지는 내 권한이다. 내게 이렇게 요구하라. 기본으로 주어진 인생의 기간을 마치 어두운 그늘을 통과하듯 빠져나가지 말라고, 훌쩍 뛰어넘지도 말고 자기 자신의 삶을 살라고.

얼마나 살아야 완전하겠느냐고 네가 물었다. 지혜를 얻을 때까지 사는 것이다. 그 목표에 도달한 사람은 가장 먼 지점이 아니라 가장 위대한 지점에서 인생을 끝맺는다. 이 목표를 달성했다면 진리 안에서 크게 기뻐하며 신들에게 감사하고 신들과 함께 있는 자기 자신에게도 감사하라. 자기 자신의 창조를 우주의 명예로 여기라. 부여받은 삶보다 더 나은 삶을 우주에 돌려주므로 마땅히 그래도 된다. 이러한 사람은 선한 사람의 표본이 되고, 그 기준과 자질을 보여준다. 그 위에 무엇을 더했든[24] 그것은 이전에 주어졌던 것과 비슷했을 것이다.

우리의 삶은 얼마나 긴가?[25] 우리는 만물에 관한

지식을 향유한다. 대자연이 어디서부터 시작되었는지, 이 세상의 질서를 어떻게 유지하는지, 어떤 변화를 계절이라 하는지, 앞으로 존재하게 될 모든 것을 어떻게 품으며 어떻게 스스로 종점을 찍는지 우리는 안다. 우리는 별들이 자력으로 움직인다는 사실을, 땅 외에 움직이지 않는 것은 없음을, 다른 모든 것은 꾸준한 속도로 움직이고 있음을 안다. 우리는 달이 태양보다 얼마나 빨리 도는지, 태양이 더 느린데도 왜 더 빠른 물체보다 앞에 있는지를 안다. 우리는 태양이 그 빛을 어떻게 발하고 잃는지, 어떤 이유로 밤이 오고 무엇이 낮을 되돌려놓는지 안다. 네가 이러한 것들을 더욱 자세히 알 수 있는 곳으로의 여행이 기다리고 있다.[26]

지혜로운 이는 이렇게 말한다. "내가 용감하게 떠나는 것은 이 때문이 아니다. 신들에게로 향하는 분명한 길을 알고 있다고 믿기 때문이다. 나는 신들의 모임에 받아들여질 자격이 있으며 이미 그들과 함께 있다. 내 정신을 그곳에 보냈고 그들은 그들의 정신을 나에게 보냈다. 그래도 내가 죽게 되고 죽음 이후 인간의 본성이 내게 전혀 남아 있지 않다고 가정해보자. 내가 떠날 때 그 어느 곳에도 가지 못할지라도 나는 위대한 정신을 소유하고 있다." (…)

너는 분명 경연대회 중간에 죽는 이보다 마지막 날에 죽는 사람이 더 행복하리라고 생각하고 있지 않은가?[27] 우리는 모두 **그**보다 짧지 않은 시차로 다음 사람보다 먼저 죽는다. 죽음은 모두에게 다가온다. 살인자는 그가 죽인 희생자의 발뒤꿈치를 따라간다. 우리는 가장 쓸모없는 것을 가장 불안해한다. 피할 수 없는 것을 얼마나 오랫동안 회피할 수 있는지가 대수겠는가? 잘 지내기를 빈다.

『도덕적 서간집』 93

루킬리우스에게

매일 매시간 우리가 얼마나 아무것도 아닌지가 드

러나고 자신의 허무함을 잊은 자들을 깨닫게 하는 새로운 논쟁이 벌어진다. 영원을 기대하는 자들이 죽음을 바라보지 않을 수 없게 된다. 이 머리말이 의도하는 것이 무엇이겠는가? 너도 로마의 걸출하고 충성스러운 기사 코르넬리우스 세네키오Cornelius Senecio를 알 것이다. 그의 출신은 보잘 것 없었으나 스스로 출세했고 더 나은 것들을 향해 나아가고 있었다(명성은 처음 만들어내기보다 쌓는 것이 훨씬 쉽기 때문이다). 부富는 빈곤의 왕국에 오래 머무르며 그곳을 빠져나오는 와중에도 거기에 버티고 있는 경향이 있다. 하지만 세네키오는 재산을 축적하는 중이었고, 돈을 버는 기술과 또 돈을 매우 효과적으로 관리하는 기술로 그 지점에 다다랐다. 그 둘 중 하나가 그를 부자로 만들었을 것이다. 재산 못지않게 건강도 신경 쓰던, 절약 정신이 아주 투철했던 이 남자는 (습관처럼) 아침에 나를 보러 와서[28] 불치병으로 고통스러워하는 친구 옆에 앉아 낮부터 밤까지 (실의에 빠져) 있다가 기운을 차리려 식

사를 하더니 갑작스러운 발작 — 협심증 — 이 일어
나 기도가 막혀 새벽까지 숨을 거의 쉬지 못했다. 그
러고 나서 건강하고 정상적인 사람으로써의 책무를
수행한 지 몇 시간도 채 되지 않아 사망했다.

육지와 바다의 사업을 두루 관리하고 공직에 발을
들이기 시작하여 건드리지 않은 수입의 원천이 없었
던 사람이, 행운이 완성되는 시기에, 재물이 몰려드
는 그때 가버렸다.

배나무를 심어라 나 멜리보이오스여,
포도원을 줄지어 조성하라.[29]

우리가 내일의 주인이 아닌데도 무언가를 조성하
는 것은 얼마나 어리석은가! 이제 시작하는 이들이
품는 원대한 희망이 얼마나 터무니없는가! "이것저
것 사고 건물 몇 채 짓고 돈도 빌려줬다 거뒀다 하면
서 명예도 쌓고 마침내 모든 것을 갖춘 노년에는 놀

고먹으며 여가를 보내야지." 내 말을 새겨들으라. 모든 것은 확신할 수 없다. 심지어 행운을 타고난 이들도 마찬가지다. 그 누구도 미래에 관하여 맹세하면 안 된다. 손에 들린 것은 새어나가고, 기회는 잡는 순간 목전에서 잘려 나간다. 시간은 고정된 법칙에 의해 흐르지만 어둠을 통해 빠져나간다. 대자연에게는 확실해도 내게 불확실하다면 그것이 내게 무슨 대수겠는가? 우리는 먼 곳까지 항해한 후 외국 해변을 횡단한 다음 느지막이 고향 땅으로 돌아오려고 계획을 짠다. 군사 작전을 계획하고 방어시설을 건설한 후 차차 정산하려 한다. 지휘권을 얻어 여러 공직을 두루 섭렵하려고도 한다. 그러는 동안 죽음은 우리 곁에 서 있다. 그런데도 다른 사람의 운명으로서의 죽음이 아니면 우리는 죽음을 절대 생각하지 않기에, 죽음의 예시들이 우리 앞에 쌓여가도 놀라움 그 이상은 남지 않는다.

어느 날이나 일어날 수 있는 일을 언젠가 일어나리라고 놀라워하는 것보다 더 어리석은 일이 있겠는가? 우리의 종점은 벗어날 수 없는 운명의 필연이 마련해둔 그곳에 고정되어 있다. 하지만 우리가 그 종점에서 얼마나 멀리 떨어져 있는지는 누구도 알지 못한다. 그러므로 마지막 바퀴를 돌고 있다고 생각하며 정신을 가다듬어보자. (…)

어서 살아 있으라 루킬리우스, 그리고 하루하루를 하나의 삶으로 여기라. 그렇게 생각하는 데 익숙해져서 매일의 삶을 완전하게 사는 사람은 걱정에서 벗어난다. 하지만 희망에 젖어 사는 사람들에게 모든 순간은 다가오면서 사라져버리고, 가장 초라하면서 동시에 가장 초라한 것들의 원인이 되기도 하는 죽음의 공포와 탐욕이 매 순간 살금살금 들어온다. 그리하여 마이케나스Maecenas[30]의 품격 잃은 기도문이 나오는 것이다. 이 기도문에서 그는 연약함과 신체의 손상, 갓 깎아 만든 날카로운 십자가 형틀까지도 받아들인다. 이러한 불행 중에서도 목숨이 붙어 있기만 한다면 말이다.

> 내 손을 약하게 만드소서
> 내 발을 약하게 만드소서
> 내게 부풀어 오른 곱사등을 허락하시고
> 흔들리는 이를 뽑으소서
> 삶이 남아 있기만 한다면 모두 좋사오니
> 내가 날카로운 형틀에 오른다 해도
> 다만 내 생명을 구원하소서[31]

여기서 그는 (그런 일이 일어난다면) 가장 초라한 결과를 바라고 마치 고통의 지연을 삶 자체로 여기며 갈구한다. (…) 베르길리우스가 다음과 같이 인용했던 것을 생각해보라.

> 이런 죽음이 그렇게 초라한가?[32]

그는 삶을 지속하고 연장하려고 가장 견디기 어려운 최악의 불행을 원하지만, 거기에 무슨 이익이 있겠는가? 보는 바와 같이 더 길어진 삶이겠다. 그러나 살아 있는 것이 단지 긴 죽음일 뿐이라면 무슨 소용이겠는가? 그저 마지막 숨을 한 번 크게 내뱉는 것보다 고문으로 불구가 되고 팔다리가 하나씩 찢기며 극도의 고통 속에서 여러 번 까무러치기를 원하는 자가 있는가? 음산한 나무 조각 앞으로 끌려갈 때 이미 몸이 굽고 약해지고 가슴과 어깨가 볼품없이 부어올라 십자가 이외에도 죽음의 원인이 수도 없이 갖추어졌는데 그 많은 고통을 느끼게 될 삶을 질질 끌고자 하는 사람이 있는가?

그렇다면 가서 우리는 반드시 죽는다는 대자연의 위대한 선물을 부정하라. 그러나 많은 이들은 그 선물을 나쁜 것으로 바꿀 준비가 되어 있다. 조금 더 오래 살기 위해 친구를 배신하거나, 그저 내일의 새벽, 곧 호색에 빠져서 수많은 죄악에 접근할 수 있는 새벽을 보기 위하여 자기 손으로 자식을 팔아넘긴다.

　삶을 향한 이러한 욕구는 제거되어야만 한다. 언젠가 겪어야만 하는 것을 겪을 때 시기는 중요하지 않음을, 얼마나 오래 사느냐가 아니라 얼마나 잘 사느냐가 중요함을 우리는 배워야 한다. 그리고 '잘'은 오래 사는 것에 있지 않을 때가 많다.[33] 잘 지내기를 빈다.

『도덕적 서간집』 101

인생의 끝을 잘 준비하기 IV

스스로에게 자유를 주라

죽음의 유용성

아래 본문에서 세네카는 십 대 아들을 잃은 마르키
아를 다시 위로한다. 한 부분에서는 그보다 수년 전
황제 티베리우스의 박해를 피하고자 스스로 굶어
죽었던 마르키아의 아버지를 언급하기도 한다. 동
료 의원들이 황제의 뜻에 따르느라 그의 처형을 찬
성하던 바로 그때 그의 자살이 이루어졌다. 강력한
권력에 의해서 주어진 것이 아니라 그 스스로 자유
롭게 선택한 그 죽음은『마르키아에게 보내는 위로
문』을 집필하던 칼리굴라 시대와『도덕적 서간집』
을 쓰던 네로의 재임 후반기에 다시 한번 세네카에
게 특별한 울림을 주었다. 두 황제는 피해망상이 있
었으며 궁극적으로는 세네카를 포함하여 불충하다
고 의심되는 많은 시민에게 자살을 강요하거나 사
형에 재산몰수까지 감행했다. 그 반복되는 양상은

세네카로 하여금 자살이야말로 스스로 자유로워지
는 길이라 여기게 했다.

오, 대자연의 가장 고상한 지혜인 죽음을 예찬하
지도 기다리지도 않는 자들이여, 자신의 문제를 알지
못하니 얼마나 어리석은가! 죽음이 행복을 차단하든
재앙을 쫓아내든, 혹은 노인의 무기력과 싫증을 끝내
든 더 나은 것들이 기대되는 젊음의 꽃봉오리를 꺾어
버리든 그도 아니면 더 혹독한 길에 들어서기 전에
청춘을 다시 불러들이든, 죽음은 모든 사람의 종말이
며 많은 이들을 위한 치료법이고 누군가에게는 기도
의 응답이기도 하다. 죽음을 소환하기 전에 죽음이
먼저 찾아간 자들보다 죽음을 더 잘 대접하는 이는
없다. 죽음은 혐오스러운 주인에게 속박된 자를 풀어
준다. 또한 죄수의 사슬을 가볍게 만든다. 대항할 수
도 없는 권위자의 통제에 갇힌 자를 자유롭게 한다.

시선과 생각이 늘 고향 땅으로 향하는 망명자에게 거주지가 어디든 상관없음을 증명해준다. 똑같은 권리를 가지고 태어났지만 운명의 여신이 공유 재산을 형편없이 분배하여 이 사람 저 사람 나누어주어도 죽음은 모든 것을 공평하게 만든다.[34] 죽음은 지나고 나면 다시는 그 누구도 다른 사람의 명령에 굴종하지 않는 지점이며 아무도 자신의 초라함을 자각하지 않는 상태이고 누구에게나 열린 길인 동시에 마르키아 당신의 아버지가 그토록 원하던 종점이다. 내가 분명히 말하노니, 죽음은 고통과는 다른 것을 만들어내고 위협적인 일을 마주하면서도 무너지지 않게 하며 정신을 온전하게 다잡을 수 있게 한다. 나는 공소원에 있다. 아아, 이곳에서 나는 십자가 고문을 본다. 모두 같은 형틀이 아니라 다양한 제작자가 만든 다양한 십자가다. 어떤 사람들은 머리가 땅으로 향하게 하여 사람을 거꾸로 매달고, 또 어떤 사람들은 성기에 말뚝을 박고, 어떤 사람들은 양팔을 십자가 위에 펼쳐놓는다.[35] '리라'[36]도 보이고 채찍질 현장과 모든 팔다리 관절을 고문하는 기구도 보인다.[37] 그곳에 죽음도 보인다. 저쪽에는 피에 굶주린 적들과 고압적인 동료 시민들도 있다. 그러나 그곳에서도 나는 죽음을 본다. 당신의 주인이 당신을 역겨워해 자유를 향해 한 발짝만에 건너갈 수 있다면 노예살이는 고생이 아니다. 나는 죽음의 유용성을 알기에 삶을 붙들고 있다.

『마르키아에게 보내는 위로문』 20.1

자유로 가는 길

세네카의 초기 저작 『분노에 대하여』에서 발췌한 아래의 본문은 자살과 개인의 자유를 동일시하는 저자의 인상적인 견해를 나타낸다. 이 본문은 자신의 신하를 무자비하게 대했던 근동의 두 독재자 캄비세스^{Cambyses}와 아스티아게스^{Astyages}에 관한 논의 바로 뒤에 이어진다. 캄비세스는 자신의 신하 프렉사스페스^{Prexaspes}의 아들을 과녁으로 삼아 활로 죽였고 아스티아게스는 자신의 오른팔이었던 하르파구스^{Harpagus}에게 그의 아들을 잡아 끓인 국을 먹게 했다. 세네카가 훗날 (아마도 이 본문을 쓰고 얼마 후) 네로의 고문이 되어 네로의 법정에 선다는 사실을 고려하면 이 일화들과 이에 관한 세네카의 반응은 특별한 점을 시사한다.

우리는 독자들에게 고문자의 명령에 따르라고 강요하지 않을 것이다. 그 대신 어떤 형태로 얽매여 있어도 자유로 향하는 길이 깔려 있음을 보여줄 것이다. 정신이 약해서 아프거나 혼탁해진다면 그 고통을 끝낼 수 있다. 나는 자신의 벗의 가슴에 활을 당기는 왕에게 복종하는 사람이나 자식의 내장을 그 아버지에게 먹이는 주인을 모시는 사람에게 이렇게 물을 것이다. "이 어리석은 사람아, 무엇 때문에 신음하는가? 적이 나타나 — 당신의 가족 전체를 몰살시킴으로써 — 당신을 해방시키거나, 어떤 왕이 멀리서부터 세력을 확장하여 당신에게까지 와 닿기를 희망하고 있는가? 당신의 시선이 닿는 곳 어디서나 당신의 문제를 끝맺을 곳을 찾을 수 있을 것이다. 높고 가파른 곳이 보이는가? 거기에 자유로 가는 내리막이 있다. 강과 바다, 우물이 보이는가? 그 밑바닥에 자유가 있다. 작고 울퉁불퉁하고 음산한 나무가 보이는가? 자유가 거기 달려 있다. 자신의 목과 호흡기와 심장을 보라. 그 역시 노예살이에서 벗어나는 길이다. 내가 제시한 이 출구들이 너무 어렵고 의지와 힘이 요구되는가? 그렇다면 자유로 가는 길이 무엇이냐고 묻는 당신에게 나는 이렇게 대답하겠다. 당신 몸에 있는 모든 혈관이 다 자유로 가는 길이다."

『분노에 대하여』 3.15.3

스스로 자유를 얻는 법

세네카는 자기가 살았던 시대보다 한 세기 앞서 일어났던 마르쿠스 포르키우스 카토Marcus Porcius Cato의 죽음을 두고 자살을 통해 스스로 자유를 얻은 모델이라고 자주 강조했다. 충실한 스토아 철학자였던 카토는 로마가 독재국가가 되는 것을 막기 위해 원로원과 전장에서 율리우스 카이사르를 압박했다. 그러나 북아프리카 우티카 근처에서 벌어진 중대한 전투에서 패배한 후 그는 방에 들어가 스스로 배를 갈랐다. 그의 동료는 그가 아직 살아 있음을 발견하고 의사를 불러 상처를 봉합했지만 카토는 그 수술 자리를 단호히 뜯어내고 스스로 삶을 마감했다. 정치적 동기와 철학적 영감(카토는 자살을 감행하기 바로 직전, 영혼의 불멸을 논하는 대화집인 플라톤의 『파이돈』을 읽고 있었다), 무엇보다도 완수를 위해 필요한 결의 때문에 세네카는 그의 죽음을 좋은 본보기로 여겼다.

주피터가 지구로 시선을 돌린다면, 비록 내분이 몇 번 일어나긴 했지만, 국가적 재난 중에도 강직하게 서 있던 카토보다 더 멋지다고 생각할 존재는 정말이지 찾을 수 없다. 카토는 이렇게 말했다. "모든 사람이 한 사람의 지배에 굴복하게 해보라. 육지는 군대에, 바다는 함대에 지배당하게 해보라. 카이사르의 군대가 항구를 봉쇄하게 해보라. 그래도 카토에게는 탈출 수단이 있다. 그는 자유로 가는 드넓은 길을 한 손으로 구축할 것이다. 아직 내전에 사용되지도, 그 얼룩이 묻지도 않은 여기 이 검이 마침내 담대하고 고귀한 일을 행할 것이다. 이 검이 고향에는 줄 수 없었던 그 자유를 카토에게 선사할 것이다. 나의 영혼이여, 네가 오랫동안 생각해왔던 그 일을 향해 나아가라. 인간사로부터 너 자신을 분리하라. 페트레이우스^{Petreius}와 유바^{Juba}는 전투 중에 만나 서로의 손에 죽었다.[38] 이는 용감하고 눈부신 죽음의 계약이지만 **우리**의 위대함에 맞는 종류는 아니다. 카토에게 다른 사람의 손에 죽고자 하는 것은 살고 싶어 하는 것만큼 비겁한 일이다." 스스로에게 가혹하게 복수했던 이 사람이 타인의 안전을 생각하며 자신을 두고 떠난 사람이 도망갈 수 있도록 시간을 벌어주는 동안, 자기 인생의 마지막 밤 연구에 골몰하는 동안, 신성한 가슴에 스스로 칼을 꽂을 동안, 자신의 내장을 흩어내고 한낱 금속 칼날에 더럽혀지기에는 몹시도 선한, 그 축복받은 영혼을 제 손으로 끌어내는 동안 신들은 크게 기뻐하며 지켜보고 있었음이 분명하다. 그래서 그의 상처가 죽을 만큼 확실하지도 효과적이지도 않았던 것이다. 불멸하는 신들이 카토의 죽음을 한 번만 보기에는 부족했던 것이다. 그래서 그의 덕을 다시 유예하고 소환하여[39] 조금 더 어려운 임무에서도

드러나게 한 것이라고 나는 생각한다. 한 번 더 죽고
자 하는 행위는 처음 한 번보다 더 위대한 정신을 요
구한다. 그렇지 않다면 왜 신들이 자기가 양성했던
자가 현명하고 인상적인 방법으로 떠나겠다는데 허
락하지 않았겠는가? 죽음을 두려워하는 자들에게조
차도 칭송받는 죽음을 이룬 자들은 죽음의 신이 인정
해준다.

『섭리에 관하여』2.9

손쉬운 죽음으로의 길

『섭리에 관하여』앞부분에 언급된 카토의 죽음을 탐구한 후 세네카는 그 책의 뒷부분, 익명의 신이 인류에게 이야기하는 내용에서 자살이 자기 자신을 자유롭게 한다는 견해를 되짚는다.

무엇보다도 나는 누구도 너희의 의지를 거슬러 너희를 붙들 수 없도록 신경 썼다. 출구는 열려 있다. 싸우고 싶지 않다면 도망가는 것도 허용된다. 그래서 나는 너희가 꼭 통과하기를 원했던 것들 중에서 죽음을 가장 쉽게 만들었다. 너희의 영혼을 내리막길에 두었다. 〈만일〉 죽음이 점점 늘어지고 있다면[40] 잠시만 기다려라. 자유로 가는 길이 얼마나 쉽고 가까운지 보게 될 것이다. 나는 너희가 세상에 들어오는 길보다 세상 밖으로 나가는 길에 장애물을 훨씬 더 적게 깔아두었다. 그렇지 않으면, 즉 인류가 태어나는 것처럼 죽는 것도 오래 걸린다면 운명의 여신이 너희에게 어마어마한 권력을 행사했을 것이다. 언제 어디서든 대자연을 버리고 대자연이 준 선물을 다시 돌려주는 것이 얼마나 쉬운지를 배워라. 희생을 치르는 엄숙한 제사와 제단 ― 삶을 기원하는 그곳 ― 에서 죽음을 깊이 생각하라. 황소의 매끈한 몸뚱이가 어떻게 작은 상처에도 쓰러지고 거대한 힘을 가진 동물들이 어떻게 인간의 손길 한 방에 죽임을 당하는지를 보라. 목의 인대가 작은 칼날에 끊어지고 머리와 목을 잇는 관절이 갈라지면 그 육중한 몸이 무너져 내린다. 생명의 호흡은 어디에도 남지 않는다. 도구를 가지고 파낼 필요는 없다. 찔린 상처 아래 깊은 곳에 장기를 찾을 필요도 없다. 죽음은 더없이 가까운 곳에 있다. 나는 맞으면 죽는 자리를 정해놓지 않았다. 원하는 곳 어디나 길이 열려 있다. 우리가 죽음이라고 부르는 것, 곧 영혼이 육체를 떠나는 그 순간은 그 빠져나가는 속도가 너무 빨라서 느낄 새도 없다. 올가미에 목이 졸리든, 물이 호흡을 막든, 떨어지면서 딱딱한 바닥에 머리가 깨지든, 불길이 타올라 호흡이 돌아오지 못하게 숨길을 끊어버리든,[41] 죽음은 어떤 형태든 간에 그 속도가 매우 빠르다. 그러니 너희는 부끄럽지 아니한가? 그저 짧은 순간이면 끝나는 그 것을 너희는 그리 오랫동안 두려워하는 것이다!"

『섭리에 관하여』 6.7

죽음의 형태를 정하는 법

세네카는 나이 들고 몸 상태가 안 좋아지면서 점점 더 자발적 안락사에 관한 질문에 정면으로 부딪쳤다. 이 주제에 대한 그의 태도는 혼란스러웠으며 항상 한결같지는 않았다. 『도덕적 서간집』 3부 77편에서는 고통스럽기는 하지만 일시적인 질병을 앓았던 툴리우스 마르켈리누스의 자살을 허용하는 반면 아래 본문 『도덕적 서간집』 58편에서는 불치병일 경우에만 자살이 정당하다고 말한다. 그리고 나서 이번 장에서 전체를 다룰 다음의 편지(『도덕적 서간집』 70)에서는 자발적 안락사의 문제를 안팎으로 고루 살펴보고 선택은 상황에 달려 있다고 결론 내린다.

사람이 노년이라는 위기를 거부하며 자신의 최후를 기다리지 않고 제 손으로 죽음을 이루는 문제에 대해 내 생각을 말하겠다. 자신의 운명을 기다리며 목숨을 부지하는 사람은 겁쟁이에 가깝다. 마치 술에 너무 심하게 빠져 술 항아리를 다 비우고서도 찌꺼기를 빨아먹는 술꾼과 같다. 하지만 만일 정신에 이상이 없고 감각이 여전히 온전하여 영혼에 기쁨을 선사하며 육체도 아직 때가 이르지 않아 힘이 빠지지도 죽지도 않았다면, 삶의 마지막이 과연 찌꺼기에 불과한지 아니면 깨끗하고 순조로운 것인지 하는 질문이 제기된다. 이는 연장하고 있는 것이 삶인지 죽음인지에 대한 큰 차이를 만들어낸다.

　하지만 만일 육체가 기능 수행에 무용해진다면 투쟁하고 있는 정신을 육체에서 끌어내는 것이 맞지 않겠는가? 그리고 아마도 그 일은 해야 할 때가 되면 할 수 없어지므로 그 전에 수행해야만 할 것이다. 잘 살지 못할 위험이 곧 죽을 위험보다 더 커질 때 거대한 위험에서 한순간에 빠져나올 방법을 구하지 않을 사람은 바보밖에 없다. 고령의 사람 중 쇠약해지지 않고 죽음의 문턱에 이르는 사람은 거의 없는 반면 다수는 죽음의 문턱에서 삶을 삶이게 하는 것을 누리지 못한 채 꼼짝없이 누워 있다. 너는 삶을 끝낼 권리를 잃는 것보다 삶에서 더 잔인한 것이 있다고 생각하는가?

내 의견이 마치 너의 경우를 가리키는 것 같아 듣기 거북하다고 느끼지 말고 내 말을 충분히 들어보라. 나는 나이가 들어도 온전하다면, 혹은 대체로 건강하기라도 하다면, 노년이 되어도 떠나지 않을 것이다. 하지만 내 정신이 파괴되고 부분부분 떨어져 나가기 시작하면, 내게 남겨진 것이 삶이 아니라 그저 숨뿐이라면 나는 그 부패하고 붕괴하고 있는 구조물에서 뛰쳐나올 것이다. 질병이 치료 가능하고 내 정신을 가리지만 않는다면 나는 죽음으로써 질병에서 벗어나려 하지 않을 것이다. 단순히 고통 때문에 내 손으로 내게 맞서지는 않을 것이다. 그러한 이유로 죽음은 패배를 인정하는 것이다. 하지만 내 몸의 질병이 영원히 계속된다는 사실이 확실하다면, 고통 때문이 아니라 살아갈 이유가 되는 모든 것에서 내가 끊어질 것이기에 나는 떠날 것이다. 고통 때문에 죽는 사람은 나약하고 나태하지만 고통 때문에 사는 사람은 어리석다.

『도덕적 서간집』 58.32-36

　　루킬리우스에게

　　꽤 오랜 시간이 지난 후 나는 네 고향 폼페이를 찾아갔다. 나의 청년 시절 모습이 떠올랐다. 젊은 시절에 했던 모든 일을 내가 다시 할 수 있을 것 같기도 했고 아니면 최근에 다시 했던 듯도 하다. 루킬리우스, 우리는 과거를 거쳐 인생을 항해해왔다. (베르길리우스가 말하는 것처럼) 바다에 나가면,

육지와 마을이 서서히 작아진다.[42]

마찬가지로 우리도 소년기에서부터 청소년기, 그후 청년과 중년 사이에 있는 그 시기, 그리고 노년의 황금기를 지나 마침내 모든 인류의 보편적인 최후에 서서히 이를 때까지 시간이 속히 흐르는 것을 보았다. 우리는 그 최후를 아주 위험한 암초라고 착각한다. 그러나 그것은 때때로 찾아야 할 항구이지 피해야 할 암초가 절대 아니다. 인생의 초기에 그곳으로 떠밀려 가는 사람이라 해도 그곳을 향해 전속력으로 항해하는 사람보다 더 투덜거릴 이유가 없다. 너도 알 듯, 느긋한 산들바람이 누군가의 진로를 방해하고 잔잔한 고요함으로 따분하여 지치게도 만드는 반면, 누군가에게는 멈추지 않는 돌풍이 걷잡을 수 없이 빠르게 휘몰아치기도 한다. 이 같은 일이 우리에게 일어난다고 생각해보라. 삶은 늑장 부리는 사람을 결국 가야만 하는 곳으로 급히 데려가기도 하고, 또 어떤 이들은 데려가기 전에 먼저 고기를 다지듯 두드려 패기도 하고 푹 익히기도 한다. 너도 잘 알 듯 삶은 영원히 붙들어야 하는 것이 아니다. 단순히 사는 것 자체가 아니라 **잘** 사는 것이 좋은 것이다.

그러므로 현자는 살 수 있는 만큼이 아니라 살아야 하는 만큼만 살 것이다. 그는 자기가 어디까지, 누구와, 어떻게 살며 무엇을 할지 고찰한다. 얼마만큼이 아니라 어떤 종류의 삶이 자신의 삶인지에 관해 깊이 생각한다. 문제를 일으키는 원인이 나타나 자신의 평온을 휘저어놓으면 그는 자기 자신을 자유롭게 할 것이며 최후의 위급상황에만 이 일을 수행하지는 않을 것이다. 도리어 자신의 행운이 의문스러워 보이기 시작할 때 지금 자기가 멈추어야 하는 지점에 있는지를 가늠하기 위해 주위를 둘러볼 것이다. 그는 자신의 최후를 직접 만들어가든 받아들이든, 그 일이 늦게 일어나든 빨리 일어나든 차이가 없다고 여긴다. 적은 액수를 걸었으니 크게 손해 보는 일도 없기에

그는 죽음이 무슨 거대한 패배인 양 두려워하지 않는
다. 일찍 죽든 늦게 죽든 중요하지 않다. 잘 죽느냐 그
렇지 못하느냐가 중요하다. 잘 죽는 것은 잘 살지 못
하는 위험에서 벗어나는 것이기도 하다. 그래서 로도
스섬의 그 남자가 남자답지 못한 말을 했던 일이 떠
오른다. 그는 폭군에 의해 구덩이에 던져져 짐승처럼
살아가고 있었을 때 그만 먹으라고 압박하는 사람에
게 이렇게 말했다. "사람이 살아 있는 한 모든 희망을
붙들어야 한다." 그 말에도 일면 진리가 있지만 삶은
어떤 대가를 치르더라도 얻어내야 하는 것은 아니다.
(…)

죽음에 대한 두려움을 품고 죽는 것은 어리석은
짓이다. 사형집행인이 네게 다가오고 있으니 그를 기
다리라. 왜 먼저 시작하려는가? 왜 다른 사람에게 속
한 잔인한 학대 행위를 떠맡으려 하는가? 너를 죽이
려는 살인자를 질투하는 것인가 아니면 그가 애쓰지
않게 해주려는 것인가? 소크라테스는 독을 마시지

않고 식음을 전폐하며 금욕함으로써 생을 마감할 수도 있었다. 그러나 그는 감옥에서 30일 동안 죽음을 기다렸다. 모든 가능성을 열려 있다는 — 그렇게 긴 기간이라면 온갖 종류의 희망의 방이 마련되어 있을 지도 모른다는 — 믿음에서가 아니라 법에 복종하며 친구들이 자신의 최후의 날에 기쁨을 얻게 하기 위해서였다. 죽음을 경멸하면서도 독배를 두려워하는 것보다 더 바보 같은 일은 없으리라.

강직하고 진중한 여인 스크리보니아Scribonia는 드루수스 리보Drusus Libo의 고모였다. 드루수스 리보는 지위는 높지만 지혜가 부족한 젊은이었는데, 당대 사람들이 일반적으로 그러했던 것보다, 실상 어느 시대의 사람들보다도 더 자기 자신에게 큰 희망을 품고 있었다. 드루수스가 아파서 들것에 실려 그의 곁을 지키던 겨우 몇 명과 함께(그의 중추 세력들은 더 이상 보호해야 할 사람이 아니라 말기 환자일 뿐인 그를 잔인하게 저버렸기 때문에) 원로원을 빠져나올 때 그는 스스로 목숨을 끊어야 할지 임박한 죽음을 기다려야 할지 고민했다.[43] 스크리보니아는 그에게 물었다. "다른 사람이 해야 할 일에 관여하는 것이 네게 무슨 즐거움이 있겠느냐?" 그러나 그녀도 드루수스의 마음을 흔들지 못했다. 그는 제 손으로 스스로를 처분했다. 그에게도 이유가 있었다. 만일 사나흘 더 오래 살아서 적이 선고한 처형으로 최후를 맞는다면 정말로 다른 사람의 일에 관여하는 것이었을 테다.

외력에 의해 죽음을 선고받는 경우 죽음을 기다려야 할지 아니면 앞당겨야 할지 그 누구도 일반화하거나 왈가왈부할 수 없다. 이쪽 혹은 저쪽 길로 기울게 하는 요인들이 많다. 어떤 죽음의 형태는 고문이 포함되는데 다른 죽음은 쉽고 간편하다면 후자에 손을 들어주지 않겠는가? 항해할 선박이나 이사 갈 집을 고르는 것처럼 나는 삶을 떠날 준비를 할 때 죽음의 형태를 정한다. 더 오래 사는 것이 꼭 더 나은 것은 아니듯 더 오래 걸리는 죽음이 꼭 더 나쁜 것도 아니다.

우리는 다른 어떤 문제보다도 죽음에 있어서 정신의 지도를 받아야 한다. 칼이든 올가미든 혈관에 주입할 혼합물이든 출구를 만들 때는 마음의 충동을 따라야 하며 나아가 노예의 사슬을 끊어야 한다. 우리는 다른 사람의 동의를 얻는 삶을 추구해야 하는데, 죽음만은 자기 자신의 동의를 얻어야 한다. 가장 좋은 방법은 자기 마음에 드는 것이다. 다음과 같은 생각은 어리석다. "누군가는 내가 그 일을 용감하게 해내지 못할 것이라고, 너무 무모하다고, 혹은 더 큰 정신을 담을 수 있는 죽음의 방법이 있을 거라고 말할 것이다." 그렇게 생각하는 대신 네 수중의 계획이 나중에 알려질 내용과는 관련이 없다고 생각하라. 최대한 빨리 운명에서 벗어나는 것에만 집중하라. 그렇지 않으면 네 행위를 냉혹하게 판단할 사람들만 **있을 것이다.**

너는 심지어 자기에게 지혜가 있다고 주장하면서

자신의 삶을 져버리고자 무력을 사용해서는 안 된다
며 자기 자신을 죽이는 살인자가 되는 것을 죄로 여
기는 사람들을 보게 될 것이다. 그들은 대자연이 정
한 최후를 반드시 기다려야 한다고 말한다. 하지만
이런 말을 하는 사람은 본인이 자유로 가는 길을 막
고 있음을 알지 못하는 사람이다. 영원법(신이 부여한 우
주의 질서 - 옮긴이 주)은 삶으로 들어서는 입구 하나와
삶에서 빠져나가는 출구 여럿을 제공하는 것 외에 우
리에게 좋을 것이 없다. 내가 고통에서 벗어나고 나
를 압박하는 것들을 없애버릴 수 있는데 질병이나 인
간의 잔혹함을 군이 기다려야 하는가? 우리가 삶에서
불평할 수 없는 것 한 가지는 바로 삶이 그 누구도 붙
들어두지 않는다는 점이다. 자기의 탓이 아니라면 그
누구도 불행을 느끼지 않기에 인간의 조건은 선한 것
이다. 지금 너는 기쁜가? 그렇다면 살아라. 기쁘지 않
은가? 그렇다면 떠나왔던 곳으로 돌아가도 된다. 너
는 가끔 두통을 잠재우려 피를 뽑아내기도 하고 체중

을 줄이려고 혈관을 째기도 한다. 생명을 끊을 때도 그리 깊은 상처를 내지 않아도 된다. 위대한 자유로 가는 길은 작은 칼날에도 열려 있으며 안전은 순식간에 주어진다.[44] 그렇다면 무엇이 우리를 주저하게 하고 수동적으로 만드는가? 우리는 그 누구도 자신의 작은 집을 떠나야만 하는 때를 생각하지 않는다. 그래서 그 집이 흠집투성이여도 그곳의 포근함과 친근함이 오랜 세입자를 놓아주지 않는다. 그런 네 몸을 두고 자유를 얻고 싶은가? 그렇다면 거기서 곧 나갈 사람처럼 살아라. 언젠가는 이 셋방을 떠나 지내야 한다는 생각을 염두에 두어라. 그 생각이 떠나야 한다는 의무감에 부대끼는 네게 힘을 실어줄 것이다.

하지만 모든 것을 끝도 없이 몹시 욕망하는 자들은 어떻게 해야 자신의 최후를 생각하게 될 것인가? 이것만큼 필수적으로 연습해야 하는 것은 없다. 결국 알게 되겠지만, 다른 문제들은 연습할 필요가 없다. 우리의 정신은 빈곤을 각오하고 있지만 우리의 재물은 견고하다. 우리는 고통을 비웃을 준비를 단단히 하고 있지만 우리의 건강하고 팔팔한 육체의 만족스러운 상태가 이 덕목을 시험할 기회를 제공한 적이 없다. 우리는 잃어버린 것들을 향한 그리움을 견뎌내야 한다고 스스로 다짐하지만 운명은 우리가 사랑했던 것들을 모두 안전하게 잘 보관하고 있다. 오로지 최후에 대한 문제에서만 우리가 연습한 것을 실전으로 옮길 날이 언젠가 도래할 것이다.

위대한 사람만이 인간이라는 노예의 사슬을 깨부술 힘을 가졌으리라 생각할 이유가 없다. 검으로는 자유롭게 하지 못했던 삶의 부분들을 손으로 끄집어냈던 카토가 아니고서야 그런 일은 할 수 없다고 생각할 이유도 없다.[45] 가장 천한 신분의 사람들도 수많은 노력을 통해 안전한 곳으로 탈출했으며, 죽음을 위한 적절한 수단이나 원하는 도구를 선택할 기회도 주어지지 않았음에도 자신에게 다가오는 기회를 놓치지 않고 원래 해롭지 않은 물건으로도 무기를 만들

었다. 최근에는 게르만인 검투사가 아침 경기에 배치
되자[46] 변을 보러 가서 — 그곳 말고는 보초가 따라붙
지 않고 사적 자유가 허용되는 곳이 없었다 — 개인
의 뒤처리를 위해 준비된 해면 막대기를 기도에 쑤셔
박아 목을 틀어막고 숨을 끊어냈다. "그건 죽음에 대
한 모욕이다. 한마디로 말해 너무 더럽고 추잡하다!"
그렇지만 지나치게 깔끔 떨며 죽는 것보다 더 어리석
은 일이 무엇인가? 그는 죽음의 수단을 선택할 기회
가 주어지기에 마땅한 용사였다! 자신의 검을 사용
했더라면 얼마나 용감했으랴, 깊은 바다나 바위 절벽
에서 뛰어내렸다면 얼마나 용맹했으랴! 모든 수단을
박탈당했던 그는 스스로 죽음으로 가는 길과 무기를
발견해냈다. 그러므로 너는 의지 외에는 죽음을 방
해할 것이 없음을 배워야 할 것이다. 가장 더러운 죽
음도 가장 깨끗한 노예보다 낫다는 사실을 인정하는
한, 이 영민한 사람의 행위에 대한 판단은 각자 하자.

   지저분한 예시를 들기 시작했으므로 계속하려 한

다. 이것 ─ 죽음 ─ 이 가장 무시당하는 사람에게조차 무시당할 수 있음을 안다면, 우리도 각자 자기 자신을 더 몰아붙일 수 있기 때문이다. 카토와 스키피오^{Scipio}, 그리고 우리가 종종 감탄하며 듣는 다른 이들은 모방의 영역 너머에 있다고 생각한다. 그러나 지금부터 나는 그들이 보여주었던 그 덕이 내전을 지휘했던 장군들에게서만큼 검투사들의 투기대회에서도 많은 예시로 드러났음을 증명할 것이다. 얼마 전에도 보초의 감시 아래 아침 경기에 나가던 한 투사가 마차 바큇살 사이에 머리를 집어넣을 수 있을 정도의 거리에 앉아 있다가 잠이 몰려와 조는 척을 했다. 그는 바퀴가 굴러서 자신의 목을 부러트릴 때까지 그 자리를 벗어나지 않았다. 그렇게 그는 자신을 형벌장으로 옮겨주던 그 운송수단을 이용해 탈출한 셈이다. 도망쳐 떠나고 싶다면 그 길을 가로막는 것은 없다. 대자연은 우리를 약하게 보호하고 있다. 생명이 위급하여 죽음의 여지가 있다면 주위를 둘러보아 평온한 죽음을 선택하라. 자유를 얻기 위해 준비해야 할 것이 많다면 자유를 향한 가장 효과적인 길을 생각하고 선택하라. 상황이 어렵다면 최선의 것을 기다리지 말고, 들어보지도 못했고 이상하더라도 가장 가까이에 있는 것을 움켜잡아라. 죽음을 이루고자 하는 의지가 있는 사람이라면 독창성이 부족하지는 않을 것이다. 가장 천한 노예들이 고통에 몰리면 어떻게 각성하고 빈틈없는 보초들을 피해 가는지 알겠는가? 자기 죽음을 결정할 뿐 아니라 만들어가는 사람은 위대하다.

검투사 경기라는 영역에서 더 많은 예시를 들기로 네게 약속했다. 한 야만인은 두 번째 모의 해전에서 적을 무찌르는 데 사용하라고 받았던 창을 별안간 자신의 목에 찔러 넣었다. 그는 이렇게 말했다. "이 모든 고문과 조롱에서 벗어나는 데 오랜 시간을 할애할 이유가 무엇이겠는가? 무기를 갖추었는데 죽음을 기다릴 이유가 무엇인가?" 죽이는 방법보다 죽는 방법을 보여주는 것이 더 고결하기에 이 경기는 더욱더

인상적이었다.

이렇게 격렬하고 유린당한 이의 정신도 기지를 가지고 있다면, 오랜 사색을 해왔고 이성 — 모든 것을 지배하는 주인 — 을 통해 여러 불행을 다루는 방법을 훈련받은 사람 역시 기지를 지니고 있지 않겠는가? 이성은 자신의 운명에 접근하는 방법이 많으나 모든 이의 최후는 같음을, 그리고 곧 다가올 그 마지막이 어디서 시작되는지는 그리 중요하지 않음을 우리에게 가르쳐준다. 그 이성의 힘은 우리에게 가능하다면 〈자기가 원하는 방식으로〉 죽으라고, 〈그게 불가능하다면〉[47] 할 수 있는 방법을 사용하여 죽으라고, 그리고 해를 가할 수 있는 것이라면 무엇이든 이용해 자기 자신을 쳐버리라고 권고한다. 수단을 빼앗긴 채 사는 것은 부당하지만 수단을 빼앗겼어도 죽는 것은 매우 훌륭한 일이다. 잘 지내기를 빈다.

『도덕적 서간집』70

다른 이를 위해 삶으로 돌아오기

세네카는 자살에 관한 논의 대부분에서 남겨진 가족과 친구들에게 미칠 영향의 문제에는 침묵한다. 아래의 본문에서만 유례없이 자살이 적절한 선택 같아 보이는 상황에서도 다른 이들의 생계를 책임질 의무가 있을 수 있음을 인정한다. 다음은 세네카와 나이 차가 많이 났던 폼페이아 파울리나^{Pompeia} ^{Paulina}와의 결혼에 대해 엿볼 수 있는 몇 안 되는 글 중 하나다.

내가 노멘타눔에 있는 집으로 피신한 이유가 그저 도시에서 벗어나기 위함이었다고 생각하는가? 아니다. 발열과 점점 심해지고 있는 병 때문이었다. 그 병은 이미 나를 사로잡았다. 의사는 내 맥박이 불분명하고 정상적인 리듬을 잃기 시작했다고 했다. 나는 곧바로 마차를 대기시켰다. 내 아내 파울리나가 붙잡는 통에 나올 때 애를 먹어야 했다. (…) 아내는 내게 건강을 돌보라고 설득한다. 그녀의 영혼이 내게 의지하고 있음을 알기에 나는 나를 돌보기 시작했고 그것은 아마 그녀를 돌보는 것이기도 할 테다.

무엇보다도 떳떳한 감정이 채워져야 한다. 때때로 상황에 억눌려도 영혼을 다시 불러와야 하고 고통스럽다 하더라도 가깝고 사랑하는 이들을 위하여 입술에 맴도는 영혼을 붙들어야 한다. 선한 사람은 원하는 만큼이 아니라 살아야 하는 만큼 살아야 한다. 자기 아내나 친구들이 삶을 더 오래 지속하게 할 만한 가치가 없다고 판단하고 죽기로 결심한 사람은 너무 까다로운 것이다. 영혼이 죽고 싶을 뿐 아니라 이미 죽기 **시작**했더라도 잠시 멈추고 가족과 친구들의 필요를 채워주려 해야 한다. 다른 이를 위해 삶으로 돌아온다는 것은 위대한 영혼의 표징이며 위대한 사람은 그렇게 행동한다.

『도덕적 서간집』 104.1-4

  내가 보기에 죽기를 비는 것보다 불명예스러운 것
은 없다. 살고 싶어 한다면 왜 죽기를 비는가? 살고
싶지 않다면 왜 태어날 때부터 주어진 것을 신들에
게 구하는가? 바라지 않아도 언젠가 죽기로 정해졌
기에 네가 죽고자 한다면 그 힘은 네 손에 달려 있다.
첫째는 네게 주어진 것이며 둘째는 네게 허용된 것이
다. 나는 최근에 가장 불명예스러운 문장을 읽었다(게
다가 분명히 배운 사람의 작품에서 나오는 대사였다!) "그러니
까 최대한 빨리 죽게 해주시오." 이미 가지고 있는 것
을 구하다니, 미친 게로구나. "그러니까 최대한 빨리
죽게 해주시오." 아마도 너는 이 말을 반복하면서 늙
어갈 것이다. 그렇지 않다면 왜 그리 꾸물거리는가?
아무도 너를 붙잡지 않는다. 어떤 길이든 가장 좋아
보이는 길로 가라. 물질세계의 어느 부분이든 하나

를 골라 네게 출구를 제공하라고 명령하라. 사실 이 세계를 다스리는 구성요소 — 물, 땅, 공기 — 는 모두 삶의 근원이면서 동시에 죽음의 경로이기도 하다. "그러니까 최대한 빨리 죽게 해주시오." "최대한 빨리" 어떻게 되기를 원하는가? 무슨 요일에 죽을 계획인가? 죽음은 너의 바람보다 더 빨리 올 수도 있다! 그런 말은 마음 약한 소리이며, 동정을 얻으려는 자가 그런 소원을 내뱉는다. 죽기를 비는 사람은 정말로 죽고 싶은 것이 아니다. 차라리 건강과 생명을 달라고 기도하라! 정말 네가 원하는 것이 죽음이라면 이러는 편이 유익하다. 그만 죽고 싶어 하라.

『도덕적 서간집』 117.22-24

인생의 끝을 잘 준비하기 V

전체의 부분이 되어라

시간의 흐름이 모든 것을 무너뜨린다

세네카는 인간뿐 아니라 만물의 죽음과 부패의 보편성에서 큰 위안을 느꼈다. 세네카가 알렸던 스토아학파의 우주론적 교훈에 따르면 대지 자체도 시간의 흐름에 따라 규칙적인 주기로 죽었다가 새로워지기를 반복한다. 아래의 두 본문에서 세네카는 비탄에 잠긴 친구들을 위로하며 죽음의 보편성을 이야기한다. 첫 번째는 아들을 잃은 마르키아에게, 두 번째는 클라우디우스 황제 법정에서도 강인했던 자유민 폴리비우스Polybius가 형제를 떠나보냈을 때 그에게 보낸 글이다.

마르키아, 네 아버지가 하늘의 성에서 네게 말하고 있다고 상상해보라.[48] (⋯) "딸아, 왜 이렇게 오랫동안 슬픔에 머무르고 있느냐? 온전하고 건강하던 네 아들이 온전하고 건강한 가족들을 남겨두고 조상의 품에 돌아갔을 때 어찌 그리 오랫동안 그 아이가 부당한 일을 겪었다고 생각하며 진리를 깨닫지 못하고 있느냐? 운명의 여신이 만물을 휘저으려 어떤 폭풍을 사용하는지 아직도 모른단 말이냐? 아니면 운명의 여신은 자신을 상대할 일이 가장 적은 사람을 제외하고는 누구에게도 친절하고 온화한 얼굴을 보이지 않는다는 것도 모르느냐? 곧 있으면 닥칠 악에서 죽음을 통해 구원받았다면 매우 행복했을 왕들의 이름을 내가 꼭 나열해주어야겠느냐? 아니면 수명을 조금 줄이면 그 위대함에 오점이 남지 않았을 로마 지도자들을? 그도 아니면 적군의 칼에 자신의 목을 내놓았던 고매하고 훌륭한 사람들을? 네 아비와 할아버지를 보아라. **그는** 알지도 못하는 자의 권력에 굴복했으나 나는 그 누구도 내게 대적하는 것을 허락하지 않으며 곡기를 끊음으로 내가 숭고한 정신을 소유했음을 세상에 내보였다. 일전에 내 글에서 썼던 것처럼 말이다.[49] 왜 우리 집에서 가장 운 좋게 죽은 사람을 위해 그리 오랫동안 애곡을 그치지 않고 있는 것이냐?

너는 가치 있다고 생각하겠지만 가치 있는 것도, 고매한 것도, 훌륭한 것도 없고 오히려 모든 것이 저속하고 탁하고 불안하며 이곳에 있는 우리의 작은 빛을 받아야만 빛이 나는 너희 세계를 떠나 우리는 모두 이곳, 깊은 밤에도 감춰지지 않는 곳으로 오게 되었다. 더 말해줄 수도 있다. 여기는 서로 격렬히 충돌하는 전쟁 무기도 없고 서로 부딪쳐 박살나는 함대도 없으며 반역이 생기거나 모의되는 일도 없고 허구한 날 소송으로 시끄러운 포럼도 없다. 숨겨지는 것이 없으며 생각이 드러나고 마음이 열린다. 누구든 모든 시대와 앞으로 다가올 것까지 전부 다 볼 수 있는 곳에서 삶이 이어진다.

한때는 어느 한 시대, 세상의 외딴 지역, 몇몇 사

람들 사이에서 일어나는 일에 관하여 글을 쓰는 것이 내 즐거움이었다.[50] 그러나 이제 나는 수많은 세기, 이를테면 연속적이고 연쇄적인 시대들과 제한 없는 연속된 세월을 생각할 수 있다. 제국의 흥망성쇠와 위대한 도시의 몰락, 바다의 새로운 물결을 미리 내다볼 수 있다. 우리의 공통된 운명이 너의 슬픔을 잠재울 수 있다면 이를 기억하라. 지금 있는 것 중 변하지 않는 것은 아무것도 없으며 시간의 흐름이 모든 것을 무너뜨리고 분리할 것이다. 시간의 흐름은 인류뿐만 아니라(운명의 지배 안에서 인간이란 얼마나 작은 부분이란 말인가!) 세계 곳곳의 마을과 지역, 대륙까지 조롱한다. 모든 산을 평평하게 하고 평지에서 하늘을 향해 새로운 산을 만들 것이다. 바닷물을 마르게 하고 강의 흐름을 바꾸며 인류의 연합과 유대를 해체하고 사람들 사이의 관계를 끊어낼 것이다. 도시를 거대한 협곡으로 끌어내리고 지진으로 흔들어놓으며 역병을 몰고 오는 돌풍이 땅 아래서부터 몰아치고 홍수가

나서 모든 거주지마다 물에 잠겨 모든 생명을 수장하며 거대한 불의 혀가 인간을 집어삼킬 것이다.[51]

세상이 스스로 무너져 새로워지는 시기가 오면 이러한 일들이 저절로 일어나 모든 것이 무너질 것이며 별들이 서로 부딪치고 지금은 질서정연하게 빛나는 것들이 하나의 불로 타오를 것이다. 영원을 선물받은 우리 축복받은 영혼들도 신이 이 세상을 또다시 만들고자 할 때 거대한 몰락의 작은 일부가 될 것이다. 파멸로 밀려들어 가는 만물과 함께 우리도 옛적의 물질이 되어 돌아갈 것이다."

『마르키아에게 보내는 위로문』 26.1

너는 "예상도 못한 때에 그를 빼앗겼다"라고 불평할지도 모른다. 이처럼 모든 사람이 자기만의 믿음에 속고, 소중히 여기는 것들의 유한성에 대한 자발적인 망각에 기만당한다. 대자연은 그 누구에게도 필연성에 예외를 두겠다는 약속을 하지 않았다. 유명인과 무명인들의 장례가 매일 우리 눈앞을 스쳐 가지만 우리는 다른 일들로 바쁘고, 죽음이 곧 오리라는 말을 평생 들어도 막상 맞닥뜨리면 갑작스럽게 여긴다. 우리가 특별한 호의로 입성하게 된 이곳을 떠나는 것에 대해 불평하는 이유는 운명의 불공평함 때문이 아니라 인간의 마음이 뒤틀려 모든 것을 받아들이기가 불가능하기 때문이다. 아들의 죽음을 알고서 위대한 사람이나 할 법한 이 말을 했던 사람이 얼마나 더 온당할 수 있었겠는가? "나는 내 아이의 아버지가 되었을 때 알았다. 이 아이가 죽으리라는 것을." (⋯) 아들의 죽음은 그에게 새로운 소식으로 다가오지 않았다. 일생이 죽음을 향한 여정일 뿐이라는 것을 아는 이에게 누군가 죽었다는 것이 어찌 새로운 소식일 수 있겠는가? "나는 내 아이의 아버지가 되었을 때 알았다. 이 아이가 죽으리라는 것을." 이렇게 말하고 나서 그는 훨씬 더 현명하고 통찰력 있는 말을 덧붙였다. "내가 이 아이를 기른 것은 **그것**을 위해서였다."[52] 우리가 길러지는 것은 **그것**을 위해서다. 삶으로 들어오는 사람은 누구나 죽을 운명인 것이다. 앞으로 주어질 것에 기뻐하자. 그러나 그것을 되돌려놓으라는 명령을 받을 때 되돌려놓자. 운명은 지금 이 순간에는 이 사람을, 그다음에는 저 사람을 붙잡을 테지만 그 누구도 놓치지 않을 것이다. 영혼이 전투태세를 갖추게 하라. 반드시 일어날 일을 두려워하지 말고 언제 일어날지 모르는 일에 항상 대비하라. (…) 모두에게 똑같은 단 하나의 최후는 없다. 삶이 중간에 떠나가는 이도 있고 시작하자마자 버려지는 이도 있으며 이미 늙고 지쳐 돌아가기를 기다리다가 겨우 죽는 이도 있다. 우리는 각각 자신의 때에 같은 곳을 향해 방향을 돌린다. 죽을 수밖에 없는 운명의 법칙을 무시하는 것이 더 어리석은 것인가, 아니면 거부하는 것이 더 건방진 것인가? 잘 모르겠다.

『폴리비우스에게 보내는 위로문』 11.1-4

우주의 법칙을 따르라

세네카는 스토아학파에 근본을 두었지만 물질세계가 원자에 바탕을 두고 있다는 에피쿠로스의 학설에도 관심이 있었다. 아래와 같이 몇몇 저작에서도 에피쿠로스와 같은 이야기를 하며 인간의 육체를 이루는 분자는 파괴될 수 없어서 나중에 몸이 다 부패한 후에 다른 물질을 이루게 될 것이라고 상상한다.

만물이 맞추어 움직이는 정해진 시기가 있다. 반드시 그 시기에 맞추어 태어나고 자라고 소멸한다. 머리 위 하늘을 빙글빙글 도는 별들은 멈출 것이고, 마치 견고한 것인 양 우리가 의지하고 터로 삼기도 하는 발아래의 땅은 갈라질 것이다. 낡지 않는 것은 없다. 대자연은 이러한 것들을 흩어버릴 것이고 시간

차가 있겠지만 똑같은 최후를 하사한다. 존재하는 것
은 무엇이든 존재하지 않게 될 것이며 죽지 않고 해
체될 것이다.

우리에게도 죽음은 단지 분리다. 우리는 그저 눈
앞에 있는 것들만 본다. 정신이 우둔하거나 육체의
노예가 된 자들은 그 너머에 있는 것을 내다보지 못
한다. 다른 모든 것과 마찬가지로 삶과 죽음 역시 번
갈아 가며 자리를 바꾸며, 만물을 제한하는 신의 손
길은 결합된 것을 분리하고 분리된 것을 결합한다는
목표를 지향한다는 점을 앞서 생각하면 우리도 조금
더 용감하게 자신이나 가족의 최후를 감당하리라.

그리하여 우리도 마르쿠스 카토가 마음속으로 역
사를 돌이켜본 후 했던 이야기를 하게 될 것이다. "현
재든 미래든 살아 있는 모든 인류는 죽게 되어 있다.
부를 축적하거나 이방 제국의 자랑이 된 모든 도시는
다양한 파멸의 이유로 무너질 것이다. 언젠가 사람들
은 그 도시들이 있었던 자리를 궁금해 할 것이다. 어

떤 곳은 전쟁으로 무너질 것이고 또 어떤 곳은 게으름 때문에, 나태함으로 변해버린 평화 때문에, 그리고 위대한 권력에 치명적인 위험, 곧 사치 때문에 스러질 것이다. 예상치 못한 해일이 모든 비옥한 밭을 삼켜버리거나 무너져 내리는 흙더미가 별안간 하품하는 깊은 골짜기로 쓸어갈 것이다. 전 세계가 끝나기 아주 조금 전에 내가 떠나는 것이라면 슬퍼하거나 불평할 이유가 무엇인가? 위대한 정신으로 신의 뜻에 굴복하고 우주가 명령하는 법칙을 지체 없이 받아들여라. 위대한 정신이 자연과 어우러지고 전체 중 일부로 되돌아간다면 더 나은 삶으로 나아가서 전보다 더 분명하고 평화롭게 신성한 것들을 누리게 되거나 혹은 아무 괴로움 없이 존재하게 될 것이다."

『도덕적 서간집』 71.13-16

죽음은 도처에 깔려 있다

죽음이 언제라도 튀어나올 수 있도록 모든 모퉁이에서 도사리고 있다는 생각이 누군가에게는 불안감을 안길 수 있겠으나 세네카에게는 마음의 평화를 가져다주었다. 아예 통제할 수 없는 것을 왜 걱정하겠는가? 세네카가 친구 루킬리우스에게 보내는 편지에서 발췌한 다음의 두 본문은 그러한 생각의 흐름을 발전시켜나간다. 첫 번째 본문은 세네카가 죽기 직전인 60대 중반에 썼던 편지 모음집인 『도덕적 서간집』에서, 두 번째 본문은 세네카가 죽기 한두 해 전에 집필했던 지구과학 연구서 『자연연구』에서 가져왔다.

어떤 것들은 우리에게 주는 공포가 너무 커서 오

히려 덜 두렵다는 사실을 너도 곧 알게 될 것이다. 끝이라면 나쁠 것이 없다. 죽음이 너에게 다가오고 있다. 죽음이 함께 살 수도 있다면 무서울 수 있겠으나 그것은 너를 찾지 못하거나 아니면 왔다가 떠나거나 둘 중 하나다. 너는 "삶에 무관심하기가 어렵다"라고 하지만 다른 이들이 자신의 삶을 경시하는 이유가 얼마나 사소한지 아는가? 어떤 이는 자신의 여주인 집 문밖에서 목을 매달았다. 또 어떤 이는 지붕에서 몸을 던졌다. 그리하여 주인의 고함을 더 이상 듣지 않게 되었다. 도망쳤다가 다시 붙잡히지 않으려고 배에 칼을 꽂은 사람도 있다. 덕과 과도한 두려움이 같은 결과를 도출할 수 있다는 것을 모르는가? 삶을 연장하기 위해 애쓰는 사람이나 많은 직함이 자신에게 큰 이익이라고 여기는 사람의 삶은 걱정에서 벗어날 수 없다. 이를 매일 되새긴다면 괴롭지 않은 마음으로 삶을 떠날 수 있을 것이다. 쏟아지는 물에 휩쓸려가면서 가시 돋친 식물이나 거친 끄나풀이라도 움켜잡듯이 많은 이들이 삶에 집착하고 매달린다. 사실 사람들은 대부분 죽음의 공포와 삶의 고통 사이에서 가엾게 휩쓸린다. 이들은 살고 싶지도 않지만 죽음을 맞이하는 법도 알지 못한다. 삶을 지키려는 걱정은 모두 밀어두고 즐겁게 살아라. 정신이 삶을 보내줄 준비를 하고 있지 않다면 그 정신의 소유자에게 유익할 것이 아무것도 없다. 가고 나면 그리워할 수도 없는 것을 보내주는 것보다 쉬운 일도 없다. 그러므로 가장 강한 사람들에게도 일어날 수 있는 일들에 대비하여 마음을 굳게 먹고 단단히 하라. 폼페이우스^{Pompeius}의 운명은 한 소년과 내시에 의해 결정되었다. 크라수스의 운명은 잔인하고 득의양양한 파르티아인에 의해 정해졌으며 칼리굴라는 레피두스^{Lepidus}에게 한낱 호민관인 덱스테르^{Dexter}의 칼에 목을 갖다 대라고 명령하였으나 자신도 카이레아^{Chaerea}의 검에 최후를 맞았다.[53] 운명의 여신의 위협은 약속만큼 강하지 않았기에 지금까지 그 누구를 떠밀지는 않았다. 현재의 평탄한 항해를 믿지 말라. 바다는 한순간에 격노한다. 배들은 바다 위에서 즐겁게 놀다가도 같은 날 침몰한다. 도둑과 적군 모두 네 목에 칼을 꽂을 수 있음을 기억하라. 권력자는 물론이거니와 노예에게도 네 삶과 죽음의 권한이 있을 수 있다. 공공연한 공격이든 비밀 모의를 통해서든 집안에서 배신당해 몰락한 자들의 일화를 생각해보라. 왕보다 노예의 증오에 의해 무너졌던 사람이 적지 않다는 사실을 알게 될 것이다. 그렇다면 네가 두려워하는 그 일을 누구에게나 당할 수 있게 생겼는데 그 사람이 얼마나 높은 자리에 있는지가 중요하겠는가? 만약 네가 적군의 소함대에 억류되었다면 너를 사로잡은 이는 너더러 네가 이미 가고 있는 그곳으로 가라고 명령하는 것일 테다! 왜 너는 자기 자신을 기만하며 그 오랜 시간 동안 네 삶의 조건이 무엇이었는지를 이제야 깨달았는가? 그러므로 나는 이렇게 선언한다. 네가 태어난 순간부터 너는 죽음으로 이끌려가고 있다.

(최고로 멋진) 루킬리우스, 캄파니아의 도시로 유명한 폼페이가 지진으로 무너지고[54] 근처 지역에서도 진동이 느껴졌다고 들었다. 이 일은 겨울에 일어났다. 겨울은 우리 조상들이 어떤 위험에서도 안전하다고 안심시켜주곤 했던 시기인데 말이다. (…)

우리는 두려워하는 자들을 안심시키고 그들의 거대한 공포심을 없애주어야 한다. 땅이 세차게 흔들리고 가장 안정적인 곳이 무너진다면 무엇이 안전해 보일 수 있겠는가? 영구적으로 고정되어 그 위에 기반을 둔 모든 것을 잡아주고 있다고 여겨지던 것이 움직인다면, 지반이 견고함이라는 특징을 잃는다면, 우리의 두려움을 안정시킬 장소를 어디서 찾겠는가? 우리의 두려움이 가장 깊숙한 지역에서 나오고 땅속 깊은 곳에서부터 생겨나는 것이라면 우리는 불안할 때 몸을 숨길 안식처가 있겠는가? (…) 두려움이 탈출의 희망을 빼앗아갈 때 (도움은 차치하고) 무슨 위로가 있을 수 있겠는가? 충분할 정도로 단단히 지탱할 수 있는 것은 무엇이겠으며 누군가를, 혹은 무언가를 지킬 수 있을 정도로 견고한 것은 무엇이겠는가? 성벽으로는 적군을 물리칠 수 있으며 탑처럼 높은 요새는 대군도 진입하지 못하게 막을 수 있다. 항구는 우리를 폭풍으로부터 지켜주며 몰려든 구름에서 그치지 않고 퍼붓는 비는 지붕이 막아준다. 화염도 도망치는 자를 끝까지 쫓을 수는 없고 지하 대피소와 깊은 동굴은 하늘의 위협과 폭풍우의 공격에서 보호해준다(하늘에서 내려온 불은 견고한 땅을 뚫지 못하며 아주 작은 장벽에 의해서도 약해지기 때문이다). 사람은 역병이 도는 기간에도 거주지를 바꿀 수 있으며 탈출로가 없는 재난은 없다. 번개도 모든 사람을 불태우지 않았으며 역병도 도시를 쇠퇴하게는 하지만 아주 무너뜨리지는 않았다. 하지만 **이** 재난은 피할 수 없고 끝이 없으며 엄청난 규모를 파괴하면서 사면팔방으로 퍼져나간다. 땅은 집, 가족, 도시를 삼킬 뿐 아니라 온 나라와 지역을 덮친다. 폐허가 된 땅을 덮고 깊은 구렁에 묻어버려 한때 존재했던 것이 더 이상 보이지 않게 아무것도 남겨놓지 않는다. 한때 그곳에 사람이 살았다는 사실을 알 수 있는 흔적조차 남기지 않은 채 벌거벗은 땅이 가장 추앙받던 도시들 위로 펼쳐진다.

이런 죽음을 유독 두려워하는 사람들이 있다. 집이고 무엇이고 모두 깊은 골로 빨려 들어가고 살아 있는 채로 살아 있는 사람들 무리에서 떨어져야 하기 때문이다. 마치 모든 운명이 다 같은 최후에 이르지 않는 것처럼 말이다! 대자연의 공정함을 나타내는 예시 중 특별한 한 가지는, 이 세상을 떠날 시간이 오면 우리 모두가 동일한 조건 아래 있다는 점이다.

몸이 돌에 맞아 부서지든 산더미에 부딪혀 깨지든, 집이 무너지면서 건물 조각과 먼지에 눌려 죽든 온 세상이 머리 위로 덮치든, 벌건 대낮에 죽든 하품하듯 입을 벌린 대지의 거대한 동굴에서 죽든, 혼자

골짜기로 떨어지든 수많은 인파와 함께 떨어지든 아무 차이가 없다. 내 죽음에 얼마나 큰 소동이 함께 일어나는지는 중요하지 않다. 죽음은 어디나 똑같다.

그러므로 피할 수도 없고 예측할 수도 없는 재난에 맞서서 용기를 내자. 캄파니아를 떠났던 사람들, 이 일로 인해 이주했던 사람들, 이 지역 근처로는 다시 돌아오지 않을 거라고 말하는 사람들의 이야기를 듣지 말자. 어느 곳의 지반이 더 단단하다고 누가 장담할 수 있겠는가? 만물은 같은 운명을 공유한다. 아직 움직이지 않았다면 여전히 움직일 가능성이 있는 것이다. 지금 네가 '조금 더 안전하게' 서 있는 이곳은 내일 밤, 혹은 그 밤이 되기 전에라도 갈라질 수 있다. 운명의 여신이 힘을 다 소모해버린 장소와 폐허가 된 이후 유지되고 있는 장소 중 어디가 더 나은지 어떻게 알 수 있겠는가? 어떤 곳이 이러한 위험에서 자유롭거나 영향을 받지 않을지 생각하는 것 자체가 틀렸다. 모든 곳은 같은 법 아래 있다. 대자연은 움직이지 않는 것은 만들지 않았다. 어떤 것들은 지금 무너지고 또 다른 것들은 다른 시간에 스러진다. 큰 도시 안에서 이 집은 지금 붕괴하고 다른 집은 나중에 무너지는 것처럼 지구 전체도 마찬가지다. (…)

그렇다면 나는 무엇을 하고 있는가? 나는 드물게 우리를 괴롭게 하는 위험이 일어나면 사람들을 달래주겠다고 약속했으며 그래서 지금 사방에서 두려움을 가져다줄 것들에 대해 경고하고 있는 것이다. (…) 그러므로 불길과 적군 사이에 가로막혀 갑자기 포로가 될 상황에 아연실색한 사람들에게 선언했던 이 문장이 전 인류에게 전하는 말이라고 생각해보라. "정복당한 자들에게 유일한 구원은 어떤 구원도 바라지 않는 것뿐이다."[55]

아무것도 두려워하고 싶지 않다면 모든 것이 두려울 수 있음을 생각하라. 주위를 둘러보아 우리를 파멸하게 할 원인이 얼마나 사소한지를 보라. 먹는 것, 마시는 것, 깨어 있는 것, 자는 것, 그 어느 것도 적절하게 행해지지 않으면 우리의 건강을 유지하는 데 도움이 될 수 없다. 우리는 단지 하찮고 연약한 미물이며 대단한 노력이 아니더라도 해체된다는 사실을 곧 이해하게 되리라. "땅의 떨림, 곧 땅이 갑작스럽게 붕괴하고 그 위에 있던 것들을 모두 삼켜버리는 것만으로도 우리에게 위험한 일이라는 사실은 의심의 여지가 없다." 그러나 번개, 땅의 미진과 갈라짐을 두려워하는 자는 자기 자신의 가치를 높게 매기는 사람이다. 자신의 약함을 아는 사람이 가래 덩어리를 두려워하겠는가?[56] "우리는 태어나면서부터 이렇게 만들어졌고 팔다리도 잘 붙어 있으며 키도 크고 튼튼하게 성장했다! 그래서 결과적으로 지반이 움직이지 않으면, 하늘에서 천둥이 치지 않으면, 땅이 꺼지지 않으면 죽지 않을 수도 있다!" 작은 손톱의 고통이 — 손톱 전체도 아니고 옆으로 삐죽 나온 거스러미가 — 우리를 죽게 할 수도 있다! 침 때문에 숨 막혀 죽을 수도 있는데 지진을 두려워해야겠는가? 물이 잘못

넘어가면 질식사하는데 바다 깊은 곳에서부터 올라온 파도를 두려워하거나 밀물이 평소보다 더 많이 밀려와 휩쓸려 갈까 봐 걱정해야겠는가? 작은 물방울 하나도 너를 망하게 할 수 있음을 알면서 바다를 두려워함은 얼마나 어리석은 일인가!

죽음을 마주할 때 죽을 수밖에 없는 운명보다 더 큰 위안인 것도 없다. 우리를 두렵게 만드는 모든 외부적인 요인들을 고려하더라도 우리 안에 수많은 위험이 도사리고 있다는 사실보다 더 크게 안심되는 것도 없다. 벼락 치는 소리에 겁을 내고 번개가 두려워 땅을 기는 것보다 더 바보 같은 일이 무엇이겠는가? 죽음이 어디에나 가까이 있어 사방에서 튀어나오고, 인류 전체를 망하게 하기에도 사소한 것은 없는데, 지진이나 갑작스러운 산사태, 해변 너머까지 덮치는 바다의 범람을 두려워하는 것보다 어리석은 일이 무엇이겠는가? 그러니 **이러한** 것들이 마치 일반적인 죽음보다 더 고통을 많이 가져다주는 것처럼 혼란에

빠질 이유가 없다. 오히려 그 반대다. 우리는 어느 순간 부득이하게 삶을 떠나야 하고 마지막 숨을 내쉬어야 하기에, 조금 더 거창한 이유로 죽는 것은 일종의 기쁨이다. 우리는 언젠가 어디선가 반드시 죽는다. 땅이 어떤 유해한 힘에 휩쓸리지 않고 단단하게 지탱하며 국경 안에 가만히 버티고 있어도 여전히 죽음은 어느 순간 내 위에 드리울 것이다. 내가 죽음을 떠안는다면, 혹은 죽음이 나를 떠안는다면 무엇이 문제겠는가? 알지 못하는 거대하고 악한 힘에 의해 땅이 갈라지고 박살나든, 그래서 내가 그 거대한 골짜기로 끌려 내려가든, 뭐 어쩌겠는가? 평평한 땅에서는 죽음이 더 견디기 쉬운가? 내가 불명예스럽게 죽는 것을 대자연이 원치 않아 내게 굽이쳐 온다면 내가 무어라 불평해야 하겠는가?

내 친구 바겔리우스Vagellius는 자신의 유명한 시에서 이를 멋지게 표현한다. "내가 추락해야 한다면 하늘에서 떨어지게 해주시오." 우리도 비슷하게 말할 수 있을 것이다. 내가 추락해야 한다면 세상이 무너지는 중에 떨어지게 해주시오. 나라의 재난을 바라는 것이 바람직해서가 아니라 죽음 앞에서 지구도 죽을 수밖에 없는 운명임을 보는 것이 큰 위안이기 때문이라오.

『자연 연구』 6.1.1-2.9

에필로그

가르침을 실천하라

세네카는 플라톤이 『파이돈』에서 각색한 장면 중 죽음을 차분하게 마주했던 소크라테스의 모습을 매우 동경했다. AD 65년, 드디어 세네카에게도 자신의 철학 사상을 실천으로 옮길 기회가 왔다. 그의 제자이자 친구인 네로가 쿠데타 공모에 가담했다는 죄목으로 세네카를 추궁하고 죽음을 명했기 때문이다. 소크라테스가 죽을 때 그러했듯 세네카의 추종자들도 세네카의 마지막 순간에 함께 있었고 훗날 그것을 기록으로 남겼다. 그들의 기록은 사라졌지만 타키투스Tacitus의 역사서 『연대기』에 실린 아래의 본문에 세네카의 죽음에 대한 기록이 전해져 내려온다. 세네카의 자살은 복잡다단했고, 타키투스의 기록은 플라톤이 남긴 소크라테스의 마지막 이야기만큼 긍정적이지는 않다. 세네카가 성인이 되고 나서 내내 생각하고 준비했던 그 죽음을 실제로 이루어냈는지는 독자들이 스스로 판단할 수 있을 것이다.

[네로는] 세네카에게 백부장을 파견하여 최후의 숙명을 알렸다. 세네카는 두려운 기색 없이 유언장을 들고 가도 되는지 물었으나 백부장이 이를 거절하자 친구들을 향해 몸을 돌리고 그들이 마땅히 받아야 할 보상을 남기지 못하게 되었으니 딱 하나 가장 아름다운 것, 바로 자신의 삶을 본보기로 남기겠다며, 이를 기억한다면 자신과의 우정을 통한 보상으로 덕망을 얻게 될 것이라고 말했다. (···) 그가 아내를 껴안자 그간 보여주었던 불굴의 용기와는 대비되게 마음이 약해졌다. 세네카는 아내에게 슬픔을 절제하여 평생 그 슬픔에 매여 살지 말고 남편의 덕행에 관해 생

각하며 고결한 위로자들과 함께 자신을 향한 그리움을 달래라고 부탁하며 애원했다. 그러나 그녀는 자신에게도 죽음이라는 운명이 정해졌다고 주장하며 사형집행자의 손에 처형당하게 해달라고 요구했다. 세네카는 아내와 영광을 공유하기를 반대하지 않고 사랑하는 마음으로 — 자신에게 헌신적이었던 여인이 모욕을 당할까 봐 — 이렇게 말했다. "나는 당신에게 삶의 기쁨을 보여주었는데 당신은 죽음의 영광을 선호하는구려. 당신이 좋은 본보기가 되는 것을 못마땅해 하지 않겠소. 용감하게 퇴장하려는 이 결심을 우리 둘에게 똑같이 적용합시다. 그러나 당신의 죽음이 더 위대한 명성을 얻을 것이오." 세네카가 이 말을 마치고 나서 두 사람은 단칼에 자신들의 팔을 베었다.

세네카의 몸은 늙고 빈약한 식사 때문에 쇠약해져서 출혈 속도가 느렸기에 정강이 혈관과 무릎 깊숙한 곳까지 칼로 베었다. 극심한 고통으로 지치기도 했고 자신의 고통이 아내의 의지를 꺾을까 봐, 혹은 자신이 기력을 잃고 아내의 고통을 보는 것을 못 견디게 될까 봐 두려워 아내에게 다른 방으로 옮기라고 설득했다. 그러고 나서도 그의 유창한 화술은 시간이 지나도 여전했기에 그는 일전에 불러들였던 서기들에게 수많은 이야기를 받아 적게 했다. (…)

세네카의 죽음은 느리고 오래 진행되었다. 그는 자신의 충실한 친구이자 숙련된 의사 스타티우스 안나이우스Statius Annaeus에게 자신이 오래전 준비한 아테네인들을 처형할 때 사용한 독약을 한 모금 만들어달라고 부탁했다.[57] 세네카는 준비된 독약을 마셨지만 팔다리가 차갑고 몸에 약발이 들지 않아 아무 소용없었다. 결국 그는 더운물에 몸을 담갔고, 가장 가까이 있는 노예에게 물을 튀기며 이 물로 해방자 주피터 신에게 감사의 신주를 만들고 있다고 말했다.[58] 탕에 들어가고 나서 세네카는 증기에 질식사했고, 이후 아무 장례 절차 없이 시체는 화장되었다. 이는 세네카가 매우 부유한 권력가였을 당시 자신의 마지막 의식을 계획하며 유언장에 써놓았던 그대로였다.

타키투스, 『연대기』 15.61-64

엮은이 주

1 『Scientific American』, 2016년 12월 1일 발행

2 『New Yorker』, "The Trip Treatment", 2015년 2월 9일
발행

3 현존하는 에피쿠로스의 저작에서 이런 말이 발견되지는
않으며 그의 철학과 쉽게 연결되지도 않는다.

4 영혼의 환생에 관한 플라톤의 학설을 인용한 것으로 보
이며 세네카는 이곳 이외에 다른 곳에서 이 학설을 지지
하지 않는다. 바로 이어지는 문장도 베르길리우스^{Vergilius}
의 『아이네이스』에 나오는 플라톤주의 관념으로, 영혼은
새로운 삶으로 진입하기 전에 기억이 전체적으로든 부분
적으로든 소실된다는 생각과 관련 있다.

5 '한숨' 혹은 '깊은 숨'으로 번역되는 이 라틴어 단어는

여기서 세네카가 자신의 호흡기 질병에 붙인 고유한 이름이다.

6 이 말은 즉 '나는 한 번에 한 시간씩만 산다'는 뜻이다.

7 카누스도 세네카와 같이 스토아학파 철학자였다. 여기서 언급되는 에피소드의 시기에 세네카는 원로원의 젊은 의원이었다. 다음에 나오는 '칼리굴라^{Caligula}'라는 이름은 사실 별명이며 세네카가 가이우스^{Gaius} 황제를 가리킬 때마다 사용하는 고유명사를 대신하는 이름이다.

8 잔학하기로 악명 높은 그리스의 독재자로, 적들을 황소 동상 안에 넣어 산 채로 구웠다는 이야기가 전해진다.

9 세네카는 여기서 BC 1세기 중엽 로마의 내전 중 두 원로원 지도자의 죽음을 대조한다. 우티카의 카토라고도 불리는 소小 카토는 북아프리카에서 일어난 율리우스 카이사르와의 결정적인 전투에서 패한 후 자신의 몸을 칼로 찔렀다. 데키무스 유니우스 브루투스(세네카는 브루투스라고 부르지만 여기서는 카이사르 암살자와의 혼동을 피하고자 데키무스라고 지칭한다)는 카이사르의 권력 계승자인 마르

쿠스 안토니우스에 맞서 군대를 지휘했으나 자신의 군대에게 버림받고 포획되어 처형당했다.

10 '아무래도 좋은 것'과 (바로 위에 언급되는) '중간'이라는 단어는 스토아철학의 용어로, 여기서는 세네카가 그리스어를 라틴어로 번역했다. 이 단어들은 그 자체로는 덕이나 악덕, 행복이나 불행의 경향을 띨 수 없는 부류의 것들을 의미한다. 세네카는 여기서 삶의 연장 — 비록 행복에 이르지 못해도 죽음보다는 선호되는 것 — 으로 인해 나타나는 '아무래도 좋은 것'의 종류를 전혀 중요하지 않은 것들과 구분한다.

11 세네카는 『아이네이스』에서 '이아니토르ianitor', 즉 '문지기'라는 단어가 공통으로 등장하는 두 단락을 이 세 줄로 이어 붙인다. 첫 번째는(8.296-7) 섬뜩한 동굴에 사는 괴물 카쿠스를 지칭하며, 세네카의 관점과 더욱 연관성이 높은 두 번째는(6.400-401) 아이네이아스가 지하세계로 내려가는 이야기에서 나온다.

12 데메트리오스는 AD 1세기 중엽 그리스의 사유학과 철학

자로 금욕적인 습관과 한 치의 양보 없는 도덕적 태도로 세네카가 매우 존경했던 인물이다.

13 라틴어로 사피엔스^sapiens라고 부르는 이상적인 현자 혹은 완벽한 대가로 언제나 스토아학파의 신념에 따라 행동하는 사람.

14 '불에 타다(라틴어로 엑수라트^exurat)'라는 단어는 사본의 원고가 부정확한 곳에 편집상 삽입되었다.

15 본문의 훼손된 부분을 보수하는 편집 과정에 삽입.

16 스토아학파의 우주론에 따르면 지구 위의 생명은 주기적으로 발생하는 자연재해에 의해 파괴되었다가 다시 생성된다.

17 세네카는 이 편지의 수신인 루킬리우스가 이 스토아 친구가 누구를 가리키는지 분명히 아는 것처럼 언급하지만, 이 사람의 신원은 불분명하며 세네카가 만들어낸 자신의 대변인일 수도 있다.

18 이상하게도 세네카는 마르켈리누스가 자신의 삶을 끝내겠다는 결정을 암시로만 남긴다. 이 문장과 이어지는 세

문장의 주어는 이름 없는 그 스토아학파 상담자다.

19 이 문장의 '우리'는 세네카 자신이다. 여기서는 주기적으로 기절이나 질식 등의 발작을 일으켰던 질병을 말한다. 1장에서 인용한 『도덕적 서간집』 54에 더 자세하게 기술되어 있다.

20 베르길리우스의 『아이네이스』 6.376의 인용구. 죽은 후 시체가 매장되지 못한 팔리누루스Palinurus의 영혼에게 시빌라Sibylla라는 무녀가 스틱스강을 건널 수 없다고 말하는 본문이다.

21 『도덕적 서간집』에서 자주 나타나는 형식으로, 세네카가 지칭하는 '너'는 편지의 실제 수신인 루킬리우스에서 일반적으로 인류를 지칭하는 상상의 인물을 가리키기도 한다. 이 경우에서처럼 로마 사회의 부유한 엘리트층을 의미하기도 한다.

22 앞서 언급된 굴과 숭어를 비롯하여 버섯은 당대 로마의 미식가들이 먹는 고급 별미에 속했다. 어떤 버섯은 독성이 있다고 알려져 있었기에 이 예시는 이중적 의미를 나

타낸다.

23 라틴어 클라우술라^{clausula}. '마무리'라고 번역된 이 용어
는 주로 글의 한 단락이나 연설을 끝맺을 때 수식어로 사
용되었던 리드미컬한 마침법을 가리킨다.

24 '더 오래 살았더라도' 라는 뜻.

25 세네카는 자신의 작품에서 종종 그러하듯 여기서도 일인
칭 복수 대명사를 사용하여 자신을 가리킨다. 이어지는
문장들은 그가 어렸을 때 품었던 천문학적 질문들, 그리
고 『도덕적 서간집』과 같은 시기에 저술했던 자연과학 연
구서 『자연 연구』와도 관련이 있다.

26 죽음, 여기서는 별의 세계로 떠남을 의미한다.

27 검투사 시합이나 육상 경기는 일반적으로 여러 날에 걸
쳐 진행되었다.

28 특정 계급의 로마인들은 조언이나 부탁을 청하려고 손님
이나 권력가 친구들을 방문하는 데 아침 시간을 사용하
곤 했다.

29 이 문장은 베르길리우스의 『목가^{Eclogues}』(1.73)에서 소몰

이 멜리보이오스가 자기 자신에게 비관적으로 말하는 본
문을 인용했다. 그는 땅을 잃고 유랑하게 되어 자신이 말
하는 바를 행동으로 옮길 수 없었다.

30 마이케나스는 세네카보다 반세기 앞서 살았던 아우구스
투스의 최고 고문이자 문화 예술 분야의 장관이었다. 그
는 시와 산문 모두 저술했으나 그의 저작은 현재 남아 있
지 않다. 아래 인용되는 시구는 프로메테우스 전설을 풍
자적으로 개작한 것에서 가져왔을 것이다.

31 본 책의 4장 첫 본문에서 세네카는 당시 고문자들이 희생
자의 성기에 말뚝을 박았던 일을 폭로한다.

32 『아이네이스』 12.646에서 불운의 전사 투르누스Turnus의
대사 일부분이다. 수에토니우스Suetonius에 의하면(『네로』
7.2) 네로가 자신의 무너져가는 왕위에서 도망치려 할 때
같은 구절이 그를 조롱하는 말로 사용되었다고 한다.

33 칼리굴라나 네로 같은 포악한 황제들이 자신들의 권력에
대항했던 자들에게 자살을 명했던 사실을 조심스럽게 언
급하는 내용이다. 세네카는 다음 장에 실린 본문에서 이

주제를 더 분명하게 다룬다.

34 세네카는 여기서 자신이 살던 시대보다 이전에 있었던, 당시에는 로마법에 따라 완전히 철폐된 관행인 부채 노예를 언급하는 듯하다.

35 맨 마지막 방식만 진짜 십자가에서 이루어지지만 여기서 번역한 '십자가들', 라틴어로 크루케스^{cruces}는 사실 직립된 형태의 다양한 고문 기구를 의미한다.

36 리라의 현을 닮은 밧줄을 사용하는 고문 기계로, 죄수의 팔다리를 펼쳐서 찢는다.

37 이 부분의 원문이 훼손되어 실제 의미는 짐작해보아야 한다.

38 페트레이우스와 유바는 카이사르에 대항하던 전쟁에서 카토를 도왔던 협력자였다. 다양한 자료에서 묘사되듯 그들은 전투에서 패하자 서로 약속했던 대로 죽음을 맞이했다. 어떤 자료에서는 카토와 카이사르의 결투에서 유바가 사망하자 페트레이우스도 따라서 자살했다고 한다. 세네카가 두 사람 모두 서로를 죽였다고 한 것은 아마

카토의 임박한 자살과 더 큰 대비를 보여주기 위해서였을 것이다.

39 카토의 상처를 봉합했던 의사에 의해 카토가 다시 회복했다는 뜻이다.

40 이 부분의 라틴어 원문이 불확실하여 '만일'이라는 표현이 추가되었다.

41 이 목록의 마지막 예시를 쓰며 세네카는 카토의 여동생이자 브루투스의 아내였던 포르키아의 자살을 생각했을 것이다. 그녀는 (믿을 수 없지만) 불이 피어 있는 숯덩이를 입에 넣어 질식사했다고 한다.

42 『아이네이스』 3.72, 아이네이아스가 트라키아를 떠나는 자신의 배를 묘사한 부분에서 발췌.

43 리보가 예상한 죽음은 질병사가 아니라 처형이었다. 타키투스가 밝혔듯이(『연대기』 2.27-31) 그는 투병 중에 중대 범죄로 재판을 받았고 (세네카가 말하듯) 죽은 후에 유죄로 판결 났다.

44 이 번역은 세네카가 라틴어 풍크토puncto를 언어유희에

167

사용한 것을 담아내려는 시도다. 이 단어는 '순식간에[in a moment]'와 '작은 칼날에[with a mall cut]' 중 하나를 의미할 수 있다.

45 카토의 자살에 관한 섬뜩한 이야기는 이번 장 세 번째 본문 『섭리에 관하여』 2.9의 소개 글 참조.

46 세네카는 다른 곳에서 검투사 경기 중 아침 경기가 보통 죽을 때까지 싸우게 하여 특히 잔인하다고 묘사한다.

47 괄호 안의 내용은 편집 과정상 삽입되었다.

48 마르키아의 아버지 아울루스 크레무티우스 코르두스[Aulus Cremutius Cordus]는 이 편지가 쓰이기 훨씬 전에 죽었다. 세네카는 내세에 대해 알 수 없다는 불가지론자지만 가끔 죽은 이의 영혼이 천국에서 행복하게 지내는 것을 상상하며 기독교 신앙에 근거한 예상을 하기도 한다.

49 코르두스는 자신이 펴냈던 역사서가 티베리우스 황제의 분노를 일으키자 불충이라는 죄목의 유죄판결을 피하려고 죽을 때까지 스스로 곡기를 끊었다. 세네카가 여기서 언급하는 것을 제외하면 마르키아의 외조부의 죽음에 대

해 알려진 것은 없다.

50 코르두스가 기소되었던 이유인 그의 역사서는 BC 40~30년대의 로마 내전을 다루었다.

51 스토아학파의 우주론은 그리스어로 에크피로세이스 ekpyroseis라고 하는데, 우주의 구석에서 일어나는 큰 화재가 수 천 년에 한 번씩 주기적으로 지구를 멸망시키리라고 예견한다. 하지만 세네카는 세상의 종말을 전 세계의 홍수로 상상하기도 한다.

52 라틴어 수스툴리sustuli에는 '기르다'라는 의미도 있지만 로마의 아버지들이 자신이 아버지임을 공식적으로 선언할 때 갓 태어난 아들을 의식적으로 높이 들어 올리는 행위를 뜻하기도 한다.

53 세네카가 언급하는 이 세 가지 에피소드에서 폼페이우스는 당시 십 대였던 이집트의 왕 프톨레마이오스Ptolemaîos의 명령에 의해 이집트에서 처형당했고, 마르쿠스 리키니우스 크라수스는 카레Carrhae 전투에서 패한 후 파르티아의 장교와 협정 중 죽임을 당했으며, 칼리굴라 황제(여

기서는 가이우스라는 이름 대신 세네카가 지칭하던 그의 별명
으로 언급됨)는 자신의 처남 레피두스를 비롯하여 적대자
로 여긴 수많은 사람에게 사형을 내렸으나 나중에 근위
대장 카이레아에게 암살당했다.

54 이 지진은 AD 64년 혹은 63년에 캄파니아를 덮쳤으며 그
보다 훨씬 더 심하게 폼페이와 헤르쿨라네움^{Herculaneum}을
매몰시켰던 79년의 화산 폭발보다 먼저 일어났다.

55 이 인용구는 베르길리우스의 『아이네이스』 2.354, "불길
과 적군이" 트로이를 함락시키는 본문에서 발췌했다.

56 이 말은 가래가 기도를 막아 죽음을 유발할 수 있다는 뜻
이다.

57 독미나리에서 추출한 독으로, 소크라테스가 마시고 삶을
끝냈던 마비성 독극물.

58 이 행동은 플라톤의 『파이돈』에 묘사된 소크라테스의 죽
음을 상기시킨다. 그 본문에서 소크라테스는 의술의 신
아스클레피오스에게 감사의 뜻으로 바칠 제물을 요청한
다. 로마신화의 최고 신인 주피터는 도시들이 적에게 사

로잡혀 노예가 되지 않도록 구해주는 힘 때문에 '해방자 Liberator'라는 별명을 가지고 있지만, 세네카는 여기서 그 별명을 다른 의미로 사용하여 자신의 임박한 죽음을 육체에서 영혼이 해방되는 것으로 묘사한다.

옮긴이_ **김현주**

서울신학대학교 신학과를 졸업하고 현재 바른번역 소속 전문 번역가로 활동하고 있다. 옮긴 책으로 《멈추고 정리》, 《걱정하지 않는 엄마》, 《리버스》, 《우리는 왜 이별했을까?》 등이 있으며, 철학 계간지 《뉴필로소퍼》를 공역하기도 했다. 일상의 작은 행복에 크게 기뻐하며 주변 환경과 지구 환경을 소중히 여긴다.

어떻게 죽음을 맞이할 것인가?

초판 1쇄 인쇄 2021년 5월 26일 **초판 1쇄 발행** 2021년 6월 3일

지은이 세네카 **엮은이** 제임스 롬 **옮긴이** 김현주
펴낸이 김종길 **펴낸 곳** 글담출판사 **브랜드** 아날로그

기획편집 이은지·이경숙·김보라·김윤아·안수영 **영업** 박용철·김상윤
디자인 엄재선·박윤희 **마케팅** 정미진·김민지 **관리** 박지웅

출판등록 1998년 12월 30일 제2013-000314호
주소 (04029) 서울시 마포구 월드컵로8길 41 (서교동 483-9)
전화 (02) 998-7030 **팩스** (02) 998-7924
페이스북 www.facebook.com/geuldam4u **인스타그램** geuldam
블로그 http://blog.naver.com/geuldam4u

ISBN 979-11-87147-76-3 (04160)
　　　　979-11-87147-61-9 (세트)